ジハードと死

オリヴィエ・ロワ
辻由美訳

新評論

Cet ouvrage a bénéficié du soutien des Programmes
d'aide à la publication de l'Institut français.
本書はアンスティチュ・フランセ・パリ本部の
出版助成プログラムの助成を受けています。

日本語版への序文

日本は自国においてイスラーム過激派のテロ攻撃をうけた経験をもたない。言うまでもないが、その第一の理由として、第二世代の移民ムスリムの三分の二が欧米に居住しており、日本ではその数がごくわずかにすぎないことがあげられる。とはいえ、欧米では過激派の四分の一は改宗者であり、そして、日本でも数千の人たちがイスラームに改宗している。だが、彼らのなかでテロ攻撃を企てた者は誰ひとりとしていなかった。

中東でおこっている戦いに、日本人は関心がないのだろうか。

しかし、過去においては違っていた。一九七二年、日本赤軍の活動家たちは、パレスティナ解放人民戦線と連携してイスラエルでテロ攻撃を遂行した（テルアビブ空港乱射事件）。一九七〇年代、中東における過激派の運動が依拠していたのはマルクス主義だったが、一九八〇年代以降、それはイスラーム主義にとってかわった。かつての「世界同時革命」というスローガンは、現在の「グローバル・ジハード」の前身だったのである。

旧ソビエト連邦のアフガニスタン侵攻に抗する闘争（一九七九〜八九年）も日本人の関心を引

きつけた。たとえば「サムライ聖戦士《ムジャーヒド》」と呼ばれたコウシロー・タナカ（私は一九八五年にアフガニスタンで彼と直接会っている）は、改宗者でも過激派でもなかったが、〔アフマド・シャー・〕マスードが指揮するアフガンの穏健派戦闘員とともに戦った。* けれど、一九九〇年代には、私の知るかぎり、アルカーイダの運動に加わった日本人は一人もいなかった。二〇一二年以降、シリアにおいてイスラーム国（ＩＳＩＳ）〔本論では「ダーイシュ」〕が出現すると、ものごとは少しばかり変わった。カリフ制を宣言したイスラーム国の領地に何人かの日本人がいて、そのなかにはジハーディスト側に加わった人たちもいれば、ジハーディストの犠牲になった人たちもいる。けれど、いずれにせよごく少人数のことで、欧米や旧ソ連邦地域からやってきた数千の志願兵たちとは規模のうえで比較にならない。

しかしながら日本にもまた、過激なテロリストや死に幻惑された若者たちを生んだ伝統がある。本著において私は、イスラーム国が構築した壮大な物語には、残酷きわまりない現代的美学や、ビデオゲームといった今日の若者文化のレパートリーがふんだんにとりこまれていることを指摘した。こうした物語がもはや日本の若者にはインパクトをあたえていないのは興味ぶかい。

おそらく、五十年ほど前に日本を騒がせた革命主義の波は、欧米の改宗者たちのあいだで生まれたようなイスラーム過激派のモデルへと転換を遂げることはなかったのだろう。日本の若者はすでに政治的過激性の空想に駆り立てられなくなっている。少なくとも、今のところは。だからこそ、欧米全域において、何がこれほど多数の改宗者を魅惑したのかに注目することは大切である。

二〇一九年三月

オリヴィエ・ロワ

＊訳注　田中光四郎『アフガンの侍――日本人ゲリラ、アフガニスタンに死す』（福昌堂、二〇〇一年）参照。

ジハードと死❖目次

＊本文中、原注は（1）（2）…と番号を付し、注の内容は左頁欄外に記載した。訳注は短いものは本文中に〔　〕で挿入し、長いものは「＊」の印を付して内容を同じく欄外に記載した。

本著はジャン＝ルイ・シュレージェルの責任編集により出版された。

第一章　ジハーディズムとテロリズム——死の希求

二十年あまり前から拡大してきたテロリストとジハーディストの暴力は色濃い現代性を有している。

言うまでもなく、テロリズムにせよ、ジハード*にせよ、新しい現象ではない。「グローバル

*訳注　ジハード、ジハーディズム：語源的には「神に向かって努力する」を意味する。けれど著者は「語源が、人びとが言葉にあたえる意味の理由になることはまずない」と言う。実際、この語は歴史的にさまざまな定義がなされ、論争の的となってきた。現在においてもイスラーム神学者の統一的見解はないようだ。にもかかわらず、多少とも暴力的な行為が「ジハード」の名のもとにおこなわれているのは事実である。本著では一九四八～八一年にかけて中東において原型がつくられた抵抗運動の意味で用いられている。しかし、そのジハードもそれ以後変遷をとげた。ジハード、ジハーディズムの意味の変遷については本文三〇～三五頁を参照してほしい。

化した」テロリズムの形態（国境とは無関係に、きわめて象徴的な存在を標的にして、あるいは逆に「無辜《むこ》」の市民を標的にして、恐慌状態をひきおこす）は、アナーキズムとともにはやくも十九世紀末に広がりをみせ、一九七〇年代にドイツ赤軍、パレスティナ解放人民戦線、日本赤軍の同調によるはじめての同時期グローバルテロ*の出現で頂点に至った。ジハードに関しては、その拠り所はクルアーン〔コーラン〕で、イスラーム圏においてしばしば発生していた――戦士たちは「ムジャーヒディーン」と呼ばれ、アルジェリア民族解放戦線（FLN）**や対ソ連アフガニスタン抵抗運動を特徴づけていた。

新しいのは、今日のテロリズムやジハーディズムが、断固たる死の希求とむすびついている点だ。これこそが、本著のテーマである。一九九五年のハレド・ケルカル〔GIA連続爆破テロ事件の実行犯〕から二〇一五年のバタクラン劇場襲撃〔パリ同時多発テロ事件〕まで、テロリストのほとんどすべてが、自分たちの死が作戦の完遂にかならずしも必要でなくても、本気で逃亡しようとはせず、「自爆」するか、憲兵に射殺されている。ケルカルと近い関係にあり、彼に武器を提供した、イスラーム改宗者のダヴィド・ヴァラ〔元ジハーディスト、現在は過激派批判の論客〕はこう言う。「絶対に生きて捕まってはならないのが原則だった。ケルカルは憲兵隊をみたとき、自分は死ぬのだと悟った。死ぬことを望んだ[1]」。それから二十年ほどして、クアシ兄弟〔シャルリー・エブド襲撃事件の実行犯〕が同じ行動をとる。ウサーマ・ビンラーディンが発したとされ、その後いろいろなヴァリエーションでくり返されている有名な文言を、モハメド・メラー〔ミディ＝ピレネー連続銃撃事件の実行犯〕は別のかたちでつぎのように表現する。「われわれは死を愛する、あなたがたは生を愛する[2]」。テロリストの死は可能性でもなければ、その行動の不幸な結末でもなく、その計画の中心をなすのだ。ダーイシュ〔イスラーム国〕に加わるジハーディストに、死への同じ渇望をみることができる。ジハーディストたちは自爆テロを、戦闘に加わる究極の目的としてうけとめる。

徹底した死の選択は、新しい現象だ。一九七〇年代、八〇年代のテロの首謀者たちは、中東

（1） «Khaled Kelal, premier djihadiste *made in France*», LeMonde.fr, 18 septembre 2015.

＊訳注　以下、本書で言及される「世代性と死の希求」を特徴とするテロないし大量殺人事件およびその実行組織については、逐一訳注を付さず、概要を巻末にまとめた（事件名の五十音順に配列）。

＊＊訳注　アルジェリア民族解放戦線（FLN：Front de Libération Nationale）：アルジェリア独立を目的として一九五四年からフランスに対して武装闘争を展開した。

と関係しているかどうかは別として、丹念に逃亡を模索していた。イスラームの伝統は、戦いのなかで命を失う殉教は功績としてみとめているが、意識的に死を希求する者は評価していない。それは神の意思に反する。では、二十年ほど前から、テロリストたちはなぜ無条件に死を選ぶようになったのか？　それは現代のイスラーム過激主義にとって何を意味するのか？　私たちの社会にとって何を意味するのか？

というのも、この死とのかかわりは、もうひとつの新しい特殊性と同時的に進行しているからだ。ジハーディズムはすくなくとも欧米では（モロッコ、アルジェリア、チュニジアなど北アフリカのアラブ諸国やトルコでもそうだが）若者の運動であり、親たちの宗教的、文化的規範の外で形成されているだけでなく、私たちの社会の「若者文化」と分かちがたく結びついている。この世代的側面は本質的なもので、まちがいなく現代の現象だが、いまのジハードだけに固有のものではない。世代的な反乱の源流は、中国文化大革命の紅衛兵《こうえいへい》にさかのぼる。歴史上はじめて、革命の矛先が特定の階級に対してではなく、特定の年齢層に対して（最高指導者はもちろん別だが）向けられた。クメール・ルージュやダーイシュは、こうした父に対する憎悪をうけついでいて、世界じゅうの少年兵部隊の出現にも、その病的にして普遍的な特徴をみることができる。どこであれ、この世代的憎しみは、文化の偶像破壊という、当然の側面をもつ。身体だけでなく、彫像も、寺院も、書物も破壊する。記憶を破壊する。「すべてを白紙にする」は、紅衛兵にも、クメール・ルージュにも、ダーイシュの戦闘員にも共通している。ダーイシュに加入したある英国人が書いているとおりだ。「われわれがロンドンやパリやワシントンの通りに降り立ったら、もっとひどいことになるだろう。おまえたちの血をまきちらすだけでなく、おまえたちの彫像を破壊し、おまえたちの歴史を消し去り、さらなる一打として、おまえたちの子どもを改宗させる。彼らはわれわれの名のもとで発言し、自分たちの祖先を罵倒しはじめるだろう[3]」。

（2）この文言が最初にあらわれた機会のひとつは、一九九七年三月ビンラーディンに対するピーター・アーネットによるインタビューのなかにおいてだったようにおもわれる。«*We love this kind of death for Allah's cause as much as you like to live*» («Transcript of Osama Bin Ladin Interview by Peter Arnett», InformationClearingHouse.info).

（3）«Isis Video : "New Jihadi John" Suspect Siddhartha Dhar Is a "Former Bouncy Castle Salesman from East London"»,

死と若者との結びつきは、偶発的なものでもなければ、単なる戦術〔自爆テロはより効果的で、若者は操作しやすいというような〕でもない。どんな革命も若者をひきつけることはたしかだとしても、すべての革命が死を賛美しているわけでも、偶像破壊をするわけでもない。ロシア革命（一九一七年）は過去を廃墟にするよりも、博物館に変えることを選んだし、イランのイスラーム革命（一九七八～七九年）が、ペルセポリス〔ペルシア帝国の都〕の破壊をこころみたことはなかった。

死の希求というこの傾向は、中東の戦略地政学とは何の関係もなく、中東にはその固有の論理がある。死の希求は政治的、戦略的な観点からは、非生産的でさえある。こうした死の希求が、ダーイシュのカリフ制国家という計画（アルカーイダ*のグローバル・ジハード計画〔二〇〇一年アメリカ同時多発テロ時に宣言された〕の後に出現した）と結合すると、どんな政治的解決も、どんな交渉も、認知されている国境周辺の社会のどんな安定化も不可能になる。死を求める者と交渉できるはずがないし、うしろで操っている者がいたとしても、自分が始動させた歯車をもはや制御することができなくなるからだ。中国の文化大革命、クメール・ルージュ、ウガンダにおける神の抵抗軍、リベリアの少年兵、ルワンダ虐殺、こうしたものは恐ろしい悪夢のようなものだったらしく、殺害に手を染めた人たちのなかで生き残った者でさえ、意識が朦朧とした状態だったと言っている。

カリフ制国家というのは、ひとつの幻想だ。イデオロギーがつくりあげた神話的存在で、その領土は絶えず拡大する。それが戦略的に不可能なものだからこそ、自己をカリフ制国家と一体化している人たちは、その地域のムスリム（イスラーム教徒）の利益のためよりも、死との誓約に身を捧げるのである。そこには、どんな政治的見通しも、「歌う明日」もなく、静かに祈りをささげる場さえない。カリフ制国家という概念がムスリムの宗教的想像に含まれていることはたしかだとしても、死の希求はそうではない。サラフィー主義〔初期イスラームへの回帰を唱える厳格派〕は、

The Independent, 4 janvier 2016. このテクストはイスラームに改宗した元ヒンドゥー教徒の英国人によって書かれたものである。

＊訳注　アルカーイダ：イスラーム主義を唱えるスンナ派ムスリム（イスラーム教徒）の過激派組織。すでに言及された（九頁）ビンラーディンはその精神的指導者であり、彼の死後、ザワーヒリー（一三二頁参照）が新たな指導者となった。

その悪影響がさんざん批判の的になっているが、自殺は神の決定に先んじる行為として糾弾している。サラフィー主義は、何よりもまず、個人の行動を規制する。暴力の行使をも含むすべてのことに決まりをもうける。サラフィー主義者は死を求めない。救いに執着し、規則と慣習にしたがって人生をおくって、最期にアッラーに出会えるよう準備しなければならないので、生きる必要があるからだ。

社会に対する不満や、抗議や、政治的動員も、テロリズムの説明にはならない。過激化の政治的原因について疑問を発する前に、テロリズムは政治性そのものをまさしく「殺す」ことになるからだ。社会的、政治的、宗教的な運動と、テロリズムへの移行とのあいだに、直接的関係はない(4)。社会的、政治的な緊張の症状として説明しうる突発的出来事はたしかにある――けれど、症状を引きあいにだすことは、心理的、隠喩的なアプローチをうけいれることにほかならない。つまり、それが症状なのであれば、政治的論理性の領域とは別の場に位置することになる。

さらに、軍事的観点からすれば、自爆テロは効率がよくない。「単純な」テロ行為には合理性があるが（力関係に差がある戦争において、少数の決死隊が、自分たちよりはるかに強大な敵に甚大な被害をあたえ、払った犠牲を凌駕する成果をあげる、というような）、自爆テロにはそうしたものはない。鍛えられた戦闘員がたった一度しかつかえないのは、「合理的」でない。恐怖をひきおこすという効果でもっては、欧米社会を跪かせることができないばかりか、こんどは欧米社会のほうを過激化させるばかりだ。加えていえば、テロで殺されているのは、今日、欧米人よりもムスリムのほうが多い。二〇一六年のラマダーン〔断食月〕に、イラク、トルコ、サウディアラビア（しかもマディーナ〔イスラーム第二の聖地〕）を襲った恐るべき攻撃は、いっそう錯雑な状況をつくりだした。どうしてこの攻撃を欧米の新植民地主義に対する戦いだと主張できるだろうか？

（4） ニースとサン＝テティエンヌ＝デュ＝ルヴレにおけるテロ攻撃と同時期にある郊外〔ボーモン＝シュル＝オワーズ〕でおきた、警察に拘束中の若者〔アダマ・トラオレ〕の死が大衆の怒りを爆発させた〔右者の死が警察の暴行によるものとみなされ、大規模な抗議運動がおきた〕。この二つの出来事はまったく次元の異なる領域に属している〔「結論」一九〇〜一九一頁参照〕。

私の考えでは、現在の過激性の要をなすもののひとつは、つねに死とむすびついていることだ。つまり、ニヒリズム志向がその中心にある。彼らを魅了しているのは、理想郷《ユートピア》の建設ではなく、反乱そのものなのである。暴力は手段ではなく、目的だ。「明日なき」暴力である。かりにそうでないとすれば、それは、規範でも決意でもなく、ひとつの選択肢にしかならないはずだ。もちろん、死との結合というだけで、この主題を解明しつくしたとはいいがたい。もっと「合理的な」別のかたちのテロリズムがまもなく出現することも十分考えられる。現状のテロリズムは一時的なもので、継続性はなく、反乱は、おそらくより政治的な別のかたちをとると考えることもできる。さらに、ダーイシュ（イスラーム国）の勢力増大の理由に関して言えば、それは中東の情勢と関連していて、ダーイシュが消滅したとしても、根底にある戦略地政学的な要素は変わらないだろう。それどころか、その空隙にさまざまな地域の勢力がなだれこみ、状況は悪化するだろう。ダーイシュがテロリズムを生みだしているのではない、すでに存在しているプールから汲みあげているのだ。ダーイシュの手腕は、若い志願者たちに、自己実現ができる物語の構築を提供していることだ。精神病質者《サイコパス》や自殺志向をもつ人たち、あるいは、大義のない反逆者といった死の志願者たちが、主義主張などなくても、自分たちの絶望に世界的重要性をあたえるシナリオをつかみとることができるのだから、ダーイシュにはもってこいだ。

だからこそ、縦の系譜、つまり、クルアーンから出発して、イブン・タイミーヤ（十三世紀シリアのイスラーム法学者）、ハサン・アル＝バンナー（二十世紀エジプトのスンナ派指導者、ムスリム同胞団創設者）を経て、サイイド・クトゥブ（エジプトの作家、ムスリム同胞団創設者）やウサーマ・ビンラーディンにいたるまでの系譜を、折に触れて表面化する不変的なもの（イスラームの暴力）を想定しながら論理づけるよりも、私には、横断的なアプローチのほうが適切とおもわれる。つまり、現代のイスラームの暴力を、きわめて類似した他のかたちの暴力と過激性（世代的反逆、自己破壊、社会との徹底的な断絶、暴力の美化、グローバル化した壮大な筋書きに取り込まれる孤立した個人、終末論を説くカルト教団）と対比しながら、理解しようとこころみるほうを選びたい。あまりにも忘れられていることだが、自爆テロやアルカーイダやダーイシュのような現象は、イスラーム世界の歴史においては新しいもので、昨今の原理主義の台頭だけでそれを説明することはできない。私が以前「テロリズムは、イスラームが過激化したことによって生じたのではなく、過激性がイスラーム化したことで生じた」と書いたのはこのためだ。私はずっと以前から、とくに二〇〇八年に書いた論考でこの見解を展開していた。(5) とはいえ、この言い方は、同僚の人類学者アラン・ベルトの文言をかってに拝借したものである(不快感はあたえなかったようだが……)。フランスのニュース・ウェブサイト「アトランティコ」で、あるジャーナリストの質問に対する答えとしてベルトの「過激な反逆のイスラーム化」という文言が引用されていたので、私が「過激性のイスラーム化」と言いかえたのである。(6)

イスラームを大目にみるというのではまったくなく、この表現は、反逆する若者たちが何ゆえどのようにして自分たちの絶対的な反逆の枠組みをイスラームのなかにみいだしたかを解明するためのこころみである。ここ四十年間でイスラーム原理主義が拡大していることは否定しない。実際、この現象について、私は二冊の著作を上梓した。『グローバル化したイスラーム』でこの原理主義の特殊性をしめし、『聖なる無知――文化なき宗教の時代』では、あらゆる宗教的原理主義の拡大は宗教というもの全体の脱文化*の過程の一環をなしていて、キリスト教においてもそれは同様であることを指摘した[7]。私が言いたいのは、そうした原理主義だけでは暴力は生みだされない、ということである。

私のアプローチはきびしい批判をうけた。まず、反乱の政治的理由（植民地支配の本質的な後遺症、中東諸国に対する欧米諸国の軍事介入、移民やその子どもたちの排斥）を考慮に入れていないという批判である（政治学者フランソワ・ビュルガによる[8]）。またジル・ケペルからは、テロリストの暴力と、サラフィー主義のかたちでのイスラームの宗教的過激化との関連を

（5） Olivier Roy, «Al Qaeda in the West as a Youth Movement: The Power of a Narrative», *CEPS Policy Brief*, n° 168, août 2008.

（6） Olivier Roy, «Comment l'islam est devenu la nouvelle idéologie des damnés de la terre», Atlantico. fr, 4 juillet 2015.

（7） Olivier Roy, *L'Islam mondialisé* (2002), Paris, Seuil, «Points Essais», 2004; *La Sainte Ignorance: Le temps de la religion sans culture* (2008), Paris, Seuil, «Points Essais», 2012.

（8） 私とフランソワ・ビュルガの論争 «Daech: regards pluriels», Savoirs.ENS.fr, 13 mai 2016 を参照。

＊訳注　脱文化：日常生活の習慣や社会的風習、さらには芸術文化など宗教と分かちがたく結びついているものから宗教を切り離し、宗教を信仰のみに還元してしまうこと。イスラームだけでなく、あらゆる宗教について言える。

無視していると反論された。(9) 私はこうした側面を何ひとつ見落としてはいない。それだけでは、私たちが探究している現象を説明することはできないと主張しているだけである。私たちの手もとにある実際の調査資料からは、因果関係の繋がりをまったくみいだすことができないからだ(このことについては、第二章でふたたび触れる)。このテロリズムと、自爆をともなうこのジハーディズムには独特なものがあきらかに存在していて、イスラーム社会の災難のさまざまな症状のひとつとしてかたづけてしまうわけにはいかない(災難が外部の抑圧に起因するものであれ、原理主義的な宗教的論理に閉じこもっているせいであれ)。とにかく、中東の問題も、欧米におけるイスラームの位置の問題も、厳然として存在している。テロリズムは、進展している他の問題を明るみに出すというより、覆い隠してしまっている。中東の戦略地政学的再編成と世俗化が世界的な流れになっているなかでのイスラーム教の苦悩にみちた再形成(長期にわたる停滞の時期の後に、きわめて短期間のうちにそれをおこなわなければならないのだから)、そして、近年における大量の移民の結果としての人口構成や社会の変化、といった問題だ。

私が、少なくともいまのところ、「宗教の過激化」の問題をわきにのけておこうと考えるのはこのためである。そもそも、過激化という語を宗教にあてはめるのは適切でない。宗教の穏健な状態というものも定義しなければならなくなるではないか。では、「穏健な」宗教とは何か？　「穏健な」神学をうんぬんすることができるだろうか？　ルターやカルヴァンは「穏健な」神学者だっただろうか？　もちろん、そうではない。たとえば、カルヴァン派教会は、神学的に「過激」である。穏健な宗教というものはない、穏健な信者が存在するだけだ。けれど、そうした信者たちもかならずしも中庸な信仰をもっているとはかぎらない。私たちの社会は徹底的に世俗化しているので、信仰のどんなしるしも、よくても奇異なもの、悪ければ脅威にみえるからだ。現在、宗教の原理主義が硬直化しつつあるのはたしかで、それは、宗教的なものが文化から離脱し、宗教というものを理解できなくなってしまった世俗主義が勝利したためだ。

（9）Gilles Kepel, « "Radicalisations" et "islamophobie", le roi est nu », *Libération*, 14 mars 2016.〔ジル・ケペルはフランスの政治・社会学者。邦訳『グローバル・ジハードのパラダイム――パリを襲ったテロの起源』義江真木子訳、新評論、二〇一七年〕

この現象は暴力の過激化を超えて進行している。そのさまざまな原因――脱文化、世代間の断絶、グローバリゼーション、あるいはまた、改宗や、個人による宗教的実践への回帰――が交わりあい、重なりあっている。

私の主張はよく理解されず、不適切に孫引きした人たちもいたが、私が主張したいのは、暴力が過激になったのは、宗教の過激化の結果ではないということである。たとえ、暴力の過激化がしばしば宗教の路線や枠組みを借用しているとしても（それを私は過激性のイスラーム化と呼ぶ）。宗教の原理主義はたしかに存在していて、重大な社会問題をつきつけている。それは、家族、性行為、出産をはじめとする、個人と、個人の自由を基軸にして築かれた価値を拒否しているからだ[10]。だが、それがかならずしも政治的暴力にいきつくとはかぎらない。ユダヤ教のルバヴィッチ派[11]やベネディクト会の修道士は、過激というより「絶対的」な信者で、いわば社会と決別して生きているが、政治的暴力を行使することはない。イスラームのサラフィー主義者も、大多数はそうした非暴力の領域に位置している。

政治の分野に立ち戻ろう。過激性（死に対する渇望）に関して、その過激性の「原因」を無視してその形態を強調することは、政治を「非現実化」しようとする意図に似ている。もっとも、そうした非現実化のこころみは、著名な思想家ジャン・ボードリヤールや歴史学者ファイサル・デヴジによる研究[12]以来、大学教員たちのお墨付きを得たものだが。けれどそれは、感情や想像や表現の役割はきわめて政治的なものであるという意味での、非現実化なのだろうか？

この観点からすれば、政治学者ビュルガによる反論（過激派たちの動機は、ムスリムやかつて植民地支配をうけた人たちの苦しみ、あるいは、人種主義やあらゆる差別、アメリカによる空爆やドローンやオリエンタリズムに由来する「苦しみ」であるとする説）は、何よりもまず犠牲者たちによる反乱という前提に立たなければならない。ところが、そうした犠牲者と過激派との関係は、現実というより、想像上のものだ。欧米でテロ攻撃をしている人たちは、ガザ

（10） 世俗化した社会における宗教の現状についての分析はつぎの論考を参照してほしい。Olivier Roy, «Pour des sociétés ouvertes. Repenser la place des religions en Europe», *Esprit*, n° 2, février 2016, p.44–58.

（11） 現代の改革に反対している超正統派ユダヤ教の信奉者。

（12） Cf. Jean Baudrillard, *L'Esprit du terrorisme*, Paris, Galilée, 2002; Faisal Devji, *Landscapes of the Jihad*, Londres, Hurst, 2005.

地区の集団でもなければ、リビア人でもなければ、アフガニスタン人でもない。彼らはかならずしも極貧ではないし、とくに虐げられた人たちでも、とくに社会に同化していない人たちでもない。ジハーディストの二十五パーセントが改宗者であることがしめしているように、過激派と彼らの「人民」との関連もまた想像上のものであるか、あるいは少なくとも――これは私の説だが――想像の世界として構築されたものである。テロにかかわった数少ないアフガニスタン人の一人（二〇一六年におきたアメリカ・オーランドの銃乱射事件犯のオマー・マティーン）は、その直前にターリバーンのリーダーたちが現実にアメリカのドローンで殺害されたのに、それを自分の行為の根拠として主張することもなく、逆に、ヴァーチャルなカリフ制国家を宣言した。想像上のものは、また政治的なものでもある。機械論的唯物論や、合理的選択理論の支持者以外に、この選択の「客観性」を信じる者はいないだろう。

革命家が、虐げられた階級の出身であることはめったにない。自己をプロレタリアと同一視したり、「大衆」や「植民地の被支配者」と同一視したりすることのなかには、自己の客観的状況とは異なるものに依拠した選択をおこなうか、あるいは、世界における自己の存在の想像的再構築とそれを表現するための言語技法をつくりあげるという面がある。それは、一九六〇年から一九七〇年にかけての、すべての革命的極左の実存的なドラマだった。そうしたヴァーチャルな（実際には自分たちの知らないものなので）プロレタリアートに属する活動家で、死を覚悟していた者はごく少数だった。毛沢東主義《マオイズム》は自殺の賛美はしなかったものの、自分のなかの「古い人間」を殺して、労働者や農民との接触によって純化される再生を示唆していた。「新生」（born again）と改宗者は聖書のパウロの章にみられる古いテーマである。自分のなかの「古い人間」を殺さねばならない、たとえそれが人間そのものを殺すことになっても（使徒パウロ『ローマ人への手紙』六章四節および六節）。

したがって、想像の産物の構築について研究しないかぎり、政治の本質をなすものを理解することはできない。過激化の説明として、苦難を前面に出すことは、まさしく想像という要素をとりこむことだ。反乱者は他者の苦痛をくるしんでいる。テロリストやジハーディストで、自分自身の人生の軌跡を前面に出す人はまれだ。彼らはつねに、他者の苦しみについて自分たちが見たことを話す。バタクラン劇場で発砲したのは、パレスティナ人ではない。ガザ地区でイスラエル軍がおこなった破壊を、遠方にいて動画で見た人間だ。パキスタンのキリスト教徒たちを襲撃したのは〔ラホール自爆テロ事件〕、アメリカの空爆の被害をうけたアフガニスタン人ではない。それは、世界のいたるところでムスリムがキリスト教徒に抑圧されるのを目にしているパキスタン人であり……といっても、自国においては、自分自身が抑圧者なのだが。とくに、シリアでダーイシュに身を投じる若者たちは、ダーイシュが二〇一四年三月にシリア・ヤルムークのパレスティナ難民キャンプを攻撃し、マルクス主義者のリーダーではなく、ほかでもないハマース〔パレスティナの政党〕の幹部を殺害したことを知らずにいる、いや、知ろうとしていない。ハマースがイスラーム主義の組織であることは疑う余地はなく、シリア大統領バッシャール・アル＝アサドに対抗する勢力の同盟者であるにもかかわらず。ダーイシュに加わった若者は否応なくヒズボッラー〔レバノンのイスラーム主義政治組織〕と抗争することになる。ところが、二〇〇六年には、ヒズボッラーはイスラエルに対する戦いの模範だったのだ。もっとも、パレスティナ擁護についてのこうした無関心はジハーディストにかぎらない。カサブランカからチュニス、そしてイスタンブールにいたるまで、二〇一一年以来、中東においてパレスティナを支援するための大規模な抗議行動はもはやおこらなくなった。*

けれど、過激主義者たちが主張しているのは政治的空想で、そのおかげでたんなる病的症状や、病人や精神病質者とみなされずにすんでいる。心理学的アプローチは有用であるが、それで政治的考察が不必要になるわけではない。テロリズムの政治的インパクトはまちがいなくきわめて大きいだけになおさらだ。もういっぽうでは、テロリストたちが宗教的規範を主張しているという事実が宗教そのものに影響をおよぼしているので、宗教はそれに答えなければならない。「それはイスラームとはいえない」だの、「イスラームは平和的宗教」だのと言うだけではすまされない。暴力がイスラームの名によってなされることで、普通の信者たちも発言せざるをえなくなる、つまり彼ら自身、自分たちの宗教を根本から考えざるをえなくなる（たとえば、冒瀆や、背教の問題、同性愛の問題について）。あらゆるレベルのことを同時に考えなければならないのである。

*訳注　パレスティナは二〇一一年はじめて国連への加盟申請をおこない、同年ユネスコの加盟国として承認された。二〇一二年には国連総会において「オブザーバー国家」として認められた。

テロリズムとジハーディズムの新しい形態

自爆行為が普遍的になったのは一九九五年からだが、それは、さまざまな類のテロリズムとジハーディズムが、それぞれ固有の系譜をひきついで個別化していく過程の一環をなしている。一九八〇年代以前には、テロリズムは民族主義者や革命家組織のような非宗教的《ライク》集団が使用していた武器で、十九世紀末にさかのぼる伝統に由来する。象徴的な標的を襲撃したり、民間人を殺害したりすることによって恐怖をひきおこし、国家や社会を不安定化させ、プロレタリアや植民地の被支配民族やムスリムのように「抑圧された人びと」の「自覚をうながす」手段は、十九世紀末から欧米社会の風景に含まれていた。こうしたテロリズムは、アナーキストにはじまり、アルジェリア民族解放戦線、秘密軍事組織〔フランスの極右武装組織〕、そして直接行動《アクシオン・ディレクト》〔フランスの極左武装組織〕にいたる。「無実のブルジョアは存在しない」。一八九四年、パリのカフェ「テルミニュス」に爆弾を投げ込んだアナーキスト、エミール・アンリは法廷でそう言い放った。ブルジョアという語をフランス人という語に置き換えれば、二〇一五年のバタクランのテロとなる。

中東に関連したテロリズムも目新しいものではない。アルジェリア戦争までさかのぼらなくても、一九七〇年代、八〇年代は、欧米におけるテロ攻撃がきわだっていた。けれど、そうしたものは国家戦略とかかわっていて、力関係を基盤とする交渉の枠組みのなかにあった。親パレスティナ・テロ、親イラン・テロ、親シリア・テロ、親リビア・テロ、そうしたものすべてがフランスの中東政策と対決しようとしていた。さらにいえば、自爆テロでさえ、イスラーム過激派が新たにあみだしたものではない。タミル・イーラム〔スリランカにおけるタミル民族主義運動〕はすでに一九八〇年代に自爆攻撃をいきわたらせていた（自爆ベルトを発明したのは彼らである）。

実際、現在の過激な暴力の形態（ジハードとイスラームのテロリズム）は、一九四八年から一九八一年にかけて中東においてその原型がつくられ、欧米で発生するようになるのは一九九〇年代の半ばからだ。それは、テロ行為の正当化と、ジハードの新しい定義という、二つの基軸を中心にして拡大していき、両者はつねに相互に交差しているが、それらを一緒くたにすべきではない。

ジハーディズムがジハードにとってかわるとき

一九四八年〔第一次中東戦争〕のイスラエルに対するアラブ諸国の攻撃の失敗〔何度もくり返された失敗〕を機に、ジハードの概念は考えなおされた。そして、ジハードは、国家の手から活動家の手へと引き継がれる。ジハードはクルアーンの概念だが、それはまず第一に神に向かって努力することを意味すると言ってみても、何にもならないだろう。語源的にはそのとおりだが、語源が、人びとが言葉にあたえる意味の理由になることはまずない。現在のジハードにはもともと戦いの意味が含まれていた。しかし、預言者の時代から、ジハードを規制するために、あらゆる法律学的な文書が出されてきた。それは当然ながらジハードが共同体のなかの反乱の口実になったり、フィトナ〔暴力的対立〕の温床になったりするのを防ぐためだった。こうした規制は、権力者たちが外部との戦争を統制し、危険なエスカレートを回避するためでもあった。そんなわけで、宗教学者たちの支配的な見解としては、ジハードはイスラームの五本の柱〔信仰告白、礼拝、喜捨、ラマダーンの断食、巡礼〕には含まれていない。ジハードは個人的義務ではなく、集団的義務である。それは、ある特定の領土が非ムスリムによって脅かされているときのもので、何よりも、その領土のムスリムにかかわるものだ。ジハードは他のムスリムを標的とすることはできない。それは、権限をもつ宗教指導者によって宣言されなければならない。志願者は明確な条件を満たさねばならない（未成年者なら父親の許可が必要、借金は返済されていること、家族が収入や支援をえられる状態にあること、等々）。

何人もジハーディストを自称することはできない。そればかりか、歴史上ジハードの呼びかけが大々的におこなわれたことは稀にしかない。オスマン帝国はジハードの呼びかけを僅かにおこなっただけで、一九一四年の第一次大戦では、その主要な対象だったはずの北アフリカと英領インドにおいて、ジハードの呼びかけはまったく功を奏さなかった。ジハードは反植民地闘争においてもおこなわれたが、あくまでもかぎられた地域においてだった（スーダンのマフディー〔ムハンマド・アフマド〕が率いた反英闘争〔一八八一〜九九年〕のように）。突拍子もないケースとして、一九二〇年アゼルバイジャンのバクーでおこなわれた東方諸民族大会で、コミンテルン〔共産主義インターナショナル〕を代表するジノヴィエフ自身が熱情的な口調で、英国人に対するジハードを呼びかけた。ソ連軍のアフガニスタン侵攻（一九七九年）に際して発せられたジハードの呼びかけのほうは、従来のジハードの理論の範疇にはいる。だが、一九四八年の「ナクバ〔災厄〕の日」、つまりイスラエルに対するアラブの敗北〔イスラエル建国によりアラブ人がパレスティナを追われたことを指す〕の後、状況は変化した。イスラームの国家や指導者たちには、イスラエル国家に対するジハードを担えないことがあきらかになった。これによりパレスティナ人のあいだで、二つの異なった傾向が生じた。民族解放戦争の方向をとる人たち（のちのパレスティナ解放機構〔PLO〕）、そしてもうひとつは、グローバルなジハードの方向〔後者を体現しているのが、汎イスラーム主義の傾向をもつパレスティナ政党として一九五三年に設立されたヒズブ・タフリールで、徐々にロンドンを拠点とするカリフ制国家をめざす組織に変化していった〕。

私たちがジハーディズムと呼ぶのは、一九五〇年代から発展してきた理論である。それはサイイド・クトゥブの考えに内在してはいたが、明確なかたちで表現されたのは、エジプト人ムハンマド・ファラジュ〔一九五四〜八二〕と、パレスティナ人アブドゥッラー・アッザーム〔一九四一〜八九〕の論述においてである。けれどそれは、のちに「テロリズム」と呼ばれるものとは本質的に異なる。アンワル・アウラキー〔アメリカ市民〔両親はイエメン出身〕で、アルカーイダに加わり、イエメンにジハーディストの拠点を設立し、二〇一一年に殺害された）が要約した文がしめすとおりだ。つぎに掲げるのが、インターネットをつうじてひろく普及しているその文章である（これはフランス語版で、スペルミスは修正した）。

ジハードはイスラームにおいてもっとも偉大な行為であり、ウンマ（イスラーム共同体）の救いはその遂行にかかっている。今日のように、ムスリム諸国が異教徒によって占拠され、専制君主の牢獄はムスリムの囚人で溢れかえり、アッラーの戒律の権威がこの世界に不在で、イスラームが攻撃されて根なし草になっているとき、ジハードはムスリム一人ひとりにとって義務的なものとなる。ジハードは、親が拒否するならば子ども自身が実行しなければならず、夫が異を唱えるならば妻自身が実行しなければならず、債権者が同意しなければ債務者自身が実行しなければならない(13)。

(13) Anwar al-Awlaki, «44 voies pour supporter le djihad», Archive.org.

ジハードはここでは、集団的義務ではなく、個人的義務として定義されていて、少なくともウンマの一部分が外国のくびきのもとで苦しめられているときは、選択肢ではなく、五本の柱と同じように守らなければならない宗教的義務なのである。ムハンマド・ファラジュは、これを「書かれていない義務」という表現で概念化し、クルアーンではそう定義されていないが、イスラームの六番目の柱だとした。ジハードは、いまや、個人的、恒常的、普遍的な宗教上の義務なのだ。ジハーディストたちが教義を改変し、聖なる書や、その公認の解釈から逸脱することをためらっていないのがここにみてとれる。しかし、アブドゥッラー・アッザームは、さらに論理をおしすすめる[14]。ジハードはただの兵役のようなものではない。宗教的、軍事的な教育をおこなう学校でもある。その目的は、現場における勝利というよりは、自分が所属する民族や、国家や、部族や家族から完全に脱した新しいタイプのムスリムを育成することである。つまり、グローバルなムスリムの育成だ。こうして育成された人物は、奉仕活動を終えても市民生活にもどることはできず、職業的ジハーディストになるのだが、それはかつてのコミンテルンの活動家タイプや、チェ・ゲバラ風の革命家たちを少しばかり踏襲している。その前提となるのは、これまでとはことなる型の婚姻関係、共同生活や事実上の放浪生活、ムスリム社会の現実の政治状況からの離脱、「グローバル」な生活様式と規範（とくに英語の使用）への適応である。これは部族社会の人間関係に根ざす「団結心」を規範とする、ハルドゥーン〈中世イスラーム世界を代表する思想家〉の考えとはまったく逆だ。だが、あとでみるように、アフガニスタンから、イラクのファルージャ〈二〇一三年末から一六年六月までダーイシュに制圧されていた〉やリビアにいたるまで、ジハーディストと部族との関係は、ジハーディストの公認の教義が主張する以上に複雑で、密接である。

こうしたジハーディストのモデルは、かならずしもテロリストとは言えないことを知るのは大切である。一九八〇年代、私は、アフガニスタンにやってきた国際的ジハーディストたちと

(14) 彼は一九八九年にオンライン上で、個人のジハードは信仰行為に次いでもっと重要な義務であることの神学的論拠を述べた（*Join the Caravan*, Archive.org）。彼はそこで十六の要点をあげている。第六は「ジハーディストは真のイスラミック社会を建設することのできる土台であるイスラームの前衛であること」。第八は「殉教の希望を動機の中心とすべきこと」。第十は「ウンマの尊厳（今日すべてのテロリストたちがもちいる論理）を守ること」。第十六は「ジハードはもっとも崇高な奉仕であること」。

近しく接触した。彼らは「アフガン・サービス局」として組織化されていて、一九八九年十一月にリーダーのアブドゥッラー・アッザームが殺害された後に、アルカーイダとなった。アッザームの指揮下では、彼らはテロリズムにうったえることも、自爆行為に身を投じることもけっしてなかった（つねに前線で戦うことを志願してはいたが）。アラブ世界にはソ連の外交官や民間人が多数いたが、彼らがこうした人たちを攻撃の標的にしたことはなかった。彼らがサラフィー主義の感受性をもっていて、アフガニスタンの人びとに「立派なイスラーム」の模範をあたえようとしていたことはたしかだろうが、アッザームは「ジョイン・ザ・キャラバン」と題するテクスト〔原注14参照〕のなかで、アフガン社会に介入することを厳しく禁じていた。今日でも、ジハードに参加する若者のなかにはおそらくこの観点から行動している人たちもいるだろう。とりわけ、「新生」（born again）したらムスリムの国に生きるだけではなく、「真の」イスラーム体制のなかで生活しなければならないという意味でのヒジュラ（移住）と、ジハードとをむすびつけようとする人たちはそうだ。このイスラーム化した空間の希求は、逆説的にも、イスラームの世界化と同時に進行している。探し求めるのは、現実の歴史や伝統的な文化から切り離された、「純粋なイスラーム」を生きることのできる場所なのだ。あとで触れるが、地域的な拠点の希求は、グローバル化したイスラームへの所属と同時的に進行する。当然ながら、その拠点とは、文化や習慣をともなう現実の社会とはまったく別物で、ダーイシュが提供しているようにみえるのが、まさしくそれである。

放逐と自殺によるテロリズム

新しいジハードは、ナクバ(イスラエルによるパレスティナの占領)の結果として模索されたわけだが、テロリズムの概念形成がなされたのは、一九六〇年代のエジプト大統領ナーヒルによるムスリム同胞団弾圧の余波をうけてのことだった。発端は背教徒宣言(タクフィール)という考えである。過激主義者にとって、ムスリム世界の問題は自分たちの指導者の不信心によるものなのだ。彼らにとって、為政者たちがたとえイスラームの慣習を守っていても、その政治のすすめかたは不信仰者のものにほかならない。自爆テロは、当初は、自爆というよりも襲撃とみなされていた。不信仰者の指導者(圧政者《ファラオ》)の殺害は、確実に人びとの自覚をうながし、蜂起の引き金になると考えられていた。これは行動によるプロパガンダというアナーキストの手法にほかならない。けれど、それはうまくいかなかった。一九八一年のサーダート大統領の暗殺は、人びとの蜂起をひきおこすどころか、弾圧を強化させただけだった。人民は、人民のために死ぬ人たちのレベルに達していないのだ。

こうして、テロ攻撃の効果的なあり方、つまり実行者の死が規範となった。この死の希求(かの有名な「あなたがたが生を愛するように、われわれは死を愛している」〔原注2参照〕)は、いまや、政治的敗北と、サイイド・クトゥブの著作からくる奥深い宗教的ニヒリズムとに同時に根をおろしている。こうしてムスリム社会は、天啓以前の状態(ジャーヒリーヤ、すなわち無明の時)に逆戻りしてしまった。だが、ムハンマドは預言者の締めくくり、つまり最後の預言者なので、これから新しい預言者があらわれることはない。だから「時は迫っている」。そこに加わってくるのが、ある種のニヒリズムをともなう終末論的な発想法である。もし「時が迫っている」のならば、よりよい社会をつくるのに貢献するよりも、自分個人の救いを考えることが先決ではないか。そして、救いは死をつうじておとずれる、それがいちばん短く、いちばん確実な道だからだ。

この現象は主としてスンナ派のムスリムのあいだで広がった。たしかにイラクとの戦いの前線で「死の志願者」となったイランのシーア派の若者たちは、同じペシミズムを共有しているし（この問題については、社会学者ファルハド・ホスロハヴァルが研究している）[15]、レバノンのヒズボッラーも自爆テロをおこなってはいるが、シーア派における自爆テロの位置はスンナ派とはきわめて異なっている。シーア派のテロリズムは、どちらかといえば国家によるテロの形態だ。彼らの活動はイランの国家機関の支援をうけていて、イランの国家戦略のなかに組み込まれている。そんなわけだから、国家・領土の戦略地政学の一部をなしている点でも、その行動のありかたからしても、スンナ派のテロとはかけ離れている。自爆テロは軍事目的のものにかぎられていて（たとえば、レバノンにおける一九八二〜八三年の欧米の軍隊に対する攻撃）、外国における民間人に対するテロ行為は、爆弾をしかけるといった従来のゲリラ方式で、

（15） Farhad Khosrokhavar, *L'Islamisme et la Mort. Le martyre révolutionnaire en Iran*, Paris, L'Harmatan, 2000.

完遂した後は地下に潜行する（一九九四年のブエノスアイレス、二〇一二年七月のブルガリア）。もういっぽうでは、シーア派は、自分が真理を体言していると公言するような過激な若者の「神聖なる無知」が広がるままにはしておかない。知っているのは聖職者で、すべての人たちのために知っているのだ。マルジャア・アッ＝タクリード（大アーヤトッラーのなかの最高有識者）は、信者が自分なりにイスラームを解釈することを禁じている。信者は権威者が指示する原理を拒否することはできない。信者は自分の霊感の源を選択することはできても、それを権威者の指示に置き換えることはゆるされないのだ。

新しい過激主義者

一九九〇年代の半ばまで、国際的ジハーディストたちの大半は中東からきた個々人で、まずジハードのためにアフガニスタンに行き、それから、自国に戻って行動にのりだすか、または、アフガニスタンにおいて共産主義体制が崩壊した（一九九二年）後、ジハードの新天地を求めて移動した。彼らが「グローバル化」したテロの最初の波を形成した（一九九三年の最初の世界貿易センター爆破事件、一九九八年の東アフリカのアメリカ大使館攻撃、二〇〇〇年の米艦コール襲撃事件)。これらはジハーディストの最初の世代、ビンラーディンや、ラムジー・ユーセフ〔世界貿易センター爆破の実行犯〕や、ハリド・シェイク・モハメド〔アルカーイダの幹部。世界貿易センター爆破をはじめさまざまなテロに関与〕の世代である。一九九五年以降、欧米では地元育ち(homegrown)と呼ばれる新しい世代が出現する。そのすべてが欧米生まれではないものの、欧米化した人たちである。とくに、親たちの出身国との繋がりをすでに失っている。さらに、この人たちのなかで改宗者数がふえている(二〇一二年から)。彼らの行動の場は徹底的にグローバルなのだ。

当然ながら、もうひとつの方法論的な問題がでてくる。テロリストとは誰のことなのか? 二〇一五年のバタクランの殺人者やシャルリー・エブドの襲撃者が(行動様式からして)テロリストの範疇にはいることは誰でも認めるが、シリアの前線へと出発するジハーディスト志願者たちをすべてテロリストとみなすことができるだろうか(二〇一五年以後、裁判所はそうした方針をとってきたが)? ジャメル・ベハール集団*のメンバーで、ヨーロッパでの自爆テロに加わった者はいなかった。また、改宗者たちのあいだでは、ヨーロッパでのテロ攻撃よりも、

（中東やアフリカの）ジハードの前線で自爆した者のほうが多く、女性たちはヨーロッパで活動するよりシリアに向かう者のほうが多い。根本的な相違として、ジハーディストの多くはウェブサイトをつうじてリクルートされたり、もっと正確に言えば自分たちの同類を探し、ジハードに関する情報を得ているのに対して、テロリストたちのほとんどすべては、アルカーイダやダーイシュとあらかじめ繋がりをもつ小集団に属している。けれど、両者の境界線は往々にして不鮮明だ。一九九五年から、テロリストたち（テロ資金調達などのために結成されたルーベ団）は外国に行ってジハードを遂行した（この場合はボスニア）が、若いジハーディストたちはヨーロッパに帰ってきてからテロリストになった。テロリストの多くは、ジハードの集団を経験しているが、すべてではないし、すべてのジハーディストがテロリストになるとはかぎらない。ダーイシュが、訓練をあたえた後、欧米に送り返す人たちと、戦場で自爆テロに参加させる人たちとを選別しているせいなのかもしれないが。けれど、まさしく、シリアに行く外国人志願兵を選別するのに自爆攻撃を遂行できることが優先されるという事実があり、そして、今日欧米で活動するテロリストのほとんどすべてが行動に際して死ぬことを運命づけられているので、ジハーディストとテロリストは少なくともひとつの点で共通している。自殺の意志である。今日のジハーディストとテロリストとの共通点は死の賛美であり、だからこそこの両者を同時に研究することに意義がある。今日のテロリストはジハーディストのサブグループであるという仮説をたててみよう。

彼らはジハードの第二世代である。(16) ハレド・ケルカルから、クアシ兄弟やアブデルハミドアバウド〔パリ同時多発テロ事件の実行犯〕にいたるまで、同じ特徴がある。まず第一に、彼らはみな作戦のさなかで死ぬ。自爆するにせよ、覚悟を決めて警察官を待ちうけるにせよ、逃走手段などもともし用意していないにせよ。ジハードの第三世代はまだあらわれていない。

(16) 私たちは「世代」という語をつぎの二つの意味で用いている。①ジハードの実践における質的変化をあらわす語としての世代。この意味では、ビンラーディンは第一世代を具現していて、アラブ人志願兵、ケルカル、クアシ兄弟、つまり欧米に住む若者たちは第二世代である。②家族の系譜における世代。第一世代は移民として住みついた人たち、第二世代は彼らの子どもたち、第三世代は孫たちである。以後、こうした意味の区別は文脈から読みとってほしい。

＊訳注　ジャメル・ベハール集団：アルジェリア系フランス人ベハールが率いる、武装イスラーム集団（GIA）と同調するグループ。一九九七年アルジェリアで大量殺人事件をおこした。

第二章　過激派とは誰か？

欧米の過激派の現象を研究するための資料には事欠かない。資料の大部分は、ヨーロッパの言語で検討が可能だ。というのも、アラビア語の文語につうじている過激派はめったにいない（口語さえあやふやだ）からだ。第一に、私たちの手もとには欧米で活動しているテロリストたちのリストと経歴がそろっている。欧米においてテロを遂行または計画した人たちは警察によって特定されていて、その人たちの軌跡はジャーナリストたちによってかなりのていど記述されている。正当な理由によるものにせよ、不当な理由によるものにせよ、ジャーナリストたちは司法や警察の資料にたやすくアクセスして、ためらいなく公表している。端的にいえば、方法論の観点からは、テロリストたちの履歴を追うために現地で長期にわたる調査をおこなうまでもないのである。素材はそろっているし、彼らのプロフィールも知られている。問題がでてくるのは、彼らの動機について研究しようとするときだ。だが、そのためには、テロリストの「発言」がある。彼または彼女は、動画やチャット、ツイッター、スカイプ、ワッツアップメッセンジャーなどでインタビューに答えていて、きわめて多弁である。彼ら彼女らは仲間や母親に呼びかける。死を目前にして壮大な宣言を発し、動画で遺言をのこす。要するに、私たちが彼らを理解しているかどうかはたしかでなくても、彼らが誰であるかは分かっている。

当然ながら、現地にでかけたまま戻ってこないジハーディストたちよりも、ヨーロッパで作戦を展開するテロリストたちのほうが、個人的履歴に関する情報が豊富にある。しかし、特定されたジハーディストの経歴と、ヨーロッパで活動するテロリストの経歴とを対照してみると、わずかな相違があるだけで、両者は類似している。パリ政治学院の学生たちが、シリアで死亡したフランス人についておこなった調査がしめしているとおりだ[1]。二〇一三年と二〇一四年にダーイシュがリクルートした外国人ジハーディスト四一一八名についての調査資料もそろっている[2]。同様に、ダヴィド・トムソン〔ラジオ・フランス・アンテルナシオナル特派員〕のインタビュー集『フランス人ジハーディスト』[3]や、『ル・モンド』紙によっておこなわれた取材[4]も、こうした事実を裏づけている。もうひとつの方法論的問題は、さまざまな国を比較することだ。本著では、欧米のジハーディストのなかでももっとも大きな集団をなしているフランスとベルギーのテロリストをとくにとりあげる。だが、ドイツ、英国、デンマーク、オランダにも、それぞれの集団がある[5]。いたるところで共通の特徴があるが、相違もある（フランス、ドイツ、アメリカでは改宗者の割合が多く、ベルギーでは少ない／フランス、ドイツ、英国では「第二世代」が圧倒的多数だが、

（1） *Libération*, 23 mars 2016.

（2） «Isis Documents Leak Reveals Profile of Average Militant as Young, Well-Educated but with Only "Basic" Knowledge of Islamic Law», *The Independent*, 22 avril 2016. この資料は信頼性に関して議論を呼んだが、いまではたしかなものとみなされている。他から出てきたさまざまな情報と十分に一致しているからだ。

（3） David Thomson, *Les Français jihadistes*, Paris, Les Arènes, 2014.

（4） Samuel Laurent, «Français, fichés, anciens prisonniers : portrait des djihadistes ayant frappé en France», LeMonde.fr, 29 juillet 2016.

（5） アメリカについては、ロビン・シムコックスの報告書によれば、二〇一四年と二〇一五年にこの国で襲撃にかかわった十二人のテロリストのうちの八人（つまり三分の二）が改宗者だった（Robin Simcox, "'We Will Conquire Your World': A Study of Islamic State Terror Plots in the West", HenryJacksonSociety.org）。

ベルギーでは第三世代がでてきた／デンマークや英国ではモスクとの繋がりがより強い）。こうした相違については、分析をすすめながら触れることにしよう。

本著が出発点とするのは、私たちが作成したフランスに特化したデータベースである。これは一九九四年から二〇一六年までに「グローバル」なジハードに参加するためにフランスを出たのちに、フランス本国でのテロにかかわった百名あまりの人たちに関するデータからなる。フランスとベルギーとを標的にした（両者はつねに密接に関連している）作戦（成功したものもしなかったものも）の首謀者たちは、すべてこのデータベースに入っている(6)。本著の分析はこれを基礎にしているが、他のデータベースも私たちの分析に裏づけをあたえているようだ。つまり、ジハーディストとテロリストとの履歴はきわめて類似していて、同じ範疇に属しているということだ。

テロリストのプロフィール

典型的なタイプというものは存在しないものの、頻繁にあらわれる特徴はある。そこから引きだせる第一の結論として、二十年間、プロフィールはほとんど変わっていない。地元育ちの最初のテロリスト、ハレド・ケルカル（一九九五年、一連のテロ攻撃の後リヨン付近で射殺された）と、クアシ兄弟（二〇一五年シャルリー・エブド襲撃事件）とは、具体的な特徴において類似している。社会に比較的よくとけこんでいた幼少時代、軽犯罪をくり返していた時期、刑務所での過激化、テロ攻撃と死、武器を手に警官と対峙。この二十年間、テロリストとジハーディストとのプロフィールの型は、みごとに一定している。つぎの二つの主要なカテゴリーがみられる。第二世代であること（六十パーセント）、改宗者であること（サンプルの二—五

（6）一九九五年ＧＩＡ（Groupe islamique armé）〔武装イスラーム集団〕およびルーベ団による襲撃、二〇〇〇年ストラスブールのクリスマス市攻撃計画、二〇〇三〜〇五年ビュット＝ショーモン集団、二〇一一年モハメド・メラーのトゥールーズ攻撃、二〇一五年ヴィルジュイフ〔パリ南郊の都市〕攻撃計画、二〇一二年カンヌ＝トルシー集団、二〇一四年ブリュッセルのユダヤ博物館攻撃、二〇一五年シャルリー・エブド、タリス、バタクランの連続テロ。ヨーロッパの他の国々においてもテロがおきていることを忘れるべきではない。さもなくば、「フランス的ジハード」といった解釈におちいり、フランスを特殊なケースとみなすことになる。たとえば二〇〇四年マドリード、同年アムステルダム、二〇〇五年ロンドン、二〇〇六年と二〇〇八年の失敗に終わったものや単発的なものも含む数々のテロを想起すべきだ。

パーセント）だ。第一世代（二〇一六年ニース〔トラック・テロ事件〕の大量殺人犯モハメド・ラホアイエ・ブーレルのような）と、それより少ない第三世代は、あわせて十五パーセントである。第二世代が突出しているという事実は、一九七六年に〔家族再会法により〕移民が家族を呼びよせることができるようになり、その子どもたちが成人に達して第二世代を構成していることで、説明がつく。けれど、二十年のあいだに第三世代が成人しているのに、突出しているのはつねに第二世代なのだ。第三世代がさほど過激化しないのはなぜなのか？　もっとも、ムスリム移民の出身地は等しく分布してはいないが。ヨーロッパ全体としては、マグレブ〔北アフリカのアラブ諸国〕出身者がきわだって多く（ベルギーやオランダも含めて）、トルコ出身者はあまり多くない。英国にインド亜大陸出身のジハーディストが多いのは、この地域出身者の人口の比率が高いせいだろう。「フランス語圏」のジハーディストがきわめて多いことに関して多くのことが書かれてきたが、このことについてはのちほど触れることにしよう。

　欧米諸国においてなべて共通するもうひとつの特徴として、過激派のほとんどすべてが、新生（born again）者であることだ。宗教とは縁もゆかりもない生活（ディスコ、アルコール、軽犯罪）をおくった後、ふいに宗教的実践を発見するのだが、それは個人的なものの場合もあれば、小集団の内部における発見の場合もある（宗教団体の枠内で生じることはけっしてない）。アブデスラム兄弟〔パリ同時多発テロ事件の実行犯〕はバタクラン劇場襲撃の数ヵ月前まで、アルコール飲料を提供する「ベギン会」（キリスト教由来の名！）というビストロを経営し、「ナイトクラブ」に出入りしていた。ほとんどが、「改宗」または「再改宗」してから数ヵ月以内に行動をおこしているが、その直前に自分の過激思想を「表明」または示唆している（二〇一五年十一月十三日〔パリ同時多発テロ事件〕、スタッド・ドゥ・フランス〔パリ北部のスタジアム〕付近で自爆したテロリストのひとりビラール・ハドフィは、二〇一六年に〔サン＝テティエンヌ＝デュ＝ルヴレ教会で〕ジャック・アメル神父を殺害したアデル・ケルミシュと同じように、事件前に自分のフェイスブックに武器の写真をアップしていた）。こうした度合いや特徴は、今日流布しているあらゆるデータベースやリストにもみることができる。

　標的もこの二十年間変わっていない。公共交通機関や公共のスペース（地方交通網、ルーベ警察署の駐車場、ストラスブールの市場、バタクラン劇場）、トゥールーズのユダヤ人学校オザール・ハトラーのようにユダヤ人（イスラエル人ではない）がいる場所（メラーによる犯行（ミディ＝ピレネー連続銃撃事件））、イスラームに対する冒瀆（シャルリー・エブドは二〇一五年一月七日のテロのずっと前から脅迫されていた）。外国（他のヨーロッパ諸国やアメリカ）でも、標的は同じであることが分かる。公共交通機関（二〇〇四年のマドリード駅、ロンドンのバスや地下鉄、航空機や飛行場に対する攻撃の頻発）、デンマークの風刺画家殺害計画や、オランダの映画監督テオ・ファン・ゴッホの殺害。アメリカと英国ではさらに、個人的テロも発生しているが、それらはいきあたりばったりか、あるいは「一匹狼《ローン・ウルフ》」的な個人によってなされる（精神を患う人たちによる行為とみなされているもののなかにも、この範疇にはいるものがある。たとえば、二〇一五年フランス・イゼール県で雇用主の首を刎ねて殺害した被雇用者の犯行は、自殺にいたるまで徹底的にテロを模倣していた）。実際、テロリストの「狂気」について検討しても無駄ではあるが、ダーイシュによる物語の構築《ナラテイヴ・コンストラクション》が、ほんとうに精神的苦痛にさいなまれている脆い人びとを魅了することはありうるし、ニースの殺害者（ブーレル）はおそらくそのケースだろう。ナポレオンにはなれずとも、ダーイシュにはなれるのだ（逆に、脆い人格の持ち主でも、攻撃法をみつけだせば、自分の行為によってイスラーム・テロの犠牲者の碑を立たせることができる）。狂気はつねに現実に含まれているのである。

要するに、ジル・ケペルが『フランスにおける恐怖[7]』のなかで主張しているように、ジハーディストの第三世代に相当する新しいジハードの戦略が二〇〇五年フランスに出現したことをしめす指標は、その標的からしても、作戦の様式からしても、まったく存在しない（二〇〇一年から二〇一五年にかけて欧米で発生したテロは、ダーイシュではなくアルカーイダの名のもとでおこなわれていて、ダーイシュの名があらわれるのは二〇一五年のアメディ・クリバリ事件〔シャルリー・エブド襲撃に始まる同年一月の一連のテロ〕からなので、なおさらだ）。二〇〇〇年十二月、ストラスブールのクリスマス市《いち》でのテロは失敗に終わったものの、フランス人を無差別に狙っていたし、二〇〇四年マドリードのアトーチャ駅でのテロもスペイン人をだれかれかまわず標的にしていた。特記すべきことがあるとすれば、二〇〇五年から自爆ベルトが普遍的なものになったことだろう。

（7） Gilles Kepel, *Terreur dans l'Hexagone*, Paris, Gallimard, 2015.〔邦訳『グローバル・ジハードのパラダイム』〕

つまり「技術上の進歩」はあったが、戦略的変化はない。

過激派の相対的な均質性をしめす、もうひとつの現象がある。これらすべてのネットワークの驚くべき連続性である。ネットワークのそれぞれに、それ以前にあったネットワークの一人または複数の人と繋がりをもつ活動家が、少なくとも一人はいるのだ。二つだけ、例をとってみよう。シェリフ・クアシ（二〇一五年シャルリー・エブド襲撃犯）は、刑務所でジャメル・ベハール（一九九七年のジハーディスト集団のリーダー）と知りあった。クアシ自身、「ビュット＝ショーモン集団」に属していたことがあり（二〇〇四年）、そこでピーター・シェリフ〔シャルリー・エブド襲撃に関与〕と出会い、イエメンに行ってアルカーイダに合流し、その組織との接点となった。シェリフ・クアシはまたスリマーヌ・カルファウイ（二〇〇〇年未遂に終わったストラスブールのテロに加わった人物）とも出会った。要するに、一九九七年から二〇一五年まで完璧な連続性があるのだ。もうひとつの例として、ファビアン・クランをあげよう。トゥールーズ出身の改宗者で、二〇一五年十一月十三日のパリ同時多発テロをシリアから予告した男だが、彼はメラー（二〇一二年ミディ＝ピレネー連続銃撃犯）を知っていたし、フランスの若者一人が犠牲となった二〇〇九年のカイロの連続テロに加わったモハメド・ダーマニとも顔なじみだった。ダーマニの弟アフメドはブリュッセルに住んでいて、サラー・アブデスラムと親しく、この男とともに、二〇一五年十一月十三日の一連のテロ、ついで翌二〇一六年ブリュッセルでのテロにおいて、キーマンの役割をはたした。同じように、クランと関係が深かったシド・アフメド・グラムは、二〇一五年九月の失敗に終わったヴィルジュイフ〔パリ南郊の都市〕攻撃の組織者で、彼の恋人エミリー・Lは改宗者だった。彼女がその後宗教にのっとって結婚したファリド・ベンラドグヘムの弟ハキムは、二〇一三年、ベルギーの警官に射殺されたが、その前にカイロのテロの首謀者との関わりを問われて裁判にかけられていた。

仲間、兄弟、女性

過激派グループの形成過程は、ほとんど同じだといっていい。これらのグループはときには手腕のある人物（武装組織ルーベ団ならばクリストフ・カーズ、他の例としては、オリヴィエ・コレル〔一九四六年生まれ、フランスにおける改宗の導師〕、ジャメル・ベハール）を中心にしてつくられることもあるが、より平等な仕方で形成されることもある。多くの志願者がジハードの現地（ボスニア、アフガニスタン、イエメン、シリア）にでかけていき、グループと「中枢部」（アルカーイダやダーイシュ）との繋がりをつくりあげる。グループの構造はいつも同じだ。仲間や友人、幼なじみのこともあれば、刑務所で知りあったり、ときには訓練キャンプで知りあった人たちである。兄弟のケースは驚くほど多い。最初から兄弟でなくとも、仲間の姉や妹と結婚すれば兄弟関係が成立する。とくに、クルタイエ、クラン、グランヴィジール兄弟、ボンテ兄弟姉妹、ドリュジョン、ボンス、ベルシーヌ、クアシ、アブデスラム、アバウド兄弟、メラー兄弟とその姉、ベンラドグヘム、アッガド、ダーマニ、バクラウイ、アブリニ兄弟、あわせて五組の兄弟である。バタクランとブリュッセルのテロだけをみても、この五組の兄弟カップル（シリアに兄弟のいるアバウドを加えると六組）がかかわっていて、彼らはテロに加わった者の半数をしめる。

これほどまでに兄弟同士が多いという現象はいたるところにみられるので、偶然とはとても言いがたい。極左であれ、他のイスラーム集団であれ、このようなかたちでの過激化はみられないので、なおさらだ。このことは、過激化において世代という側面のもつ重要性をしめしている。彼らはたがいに同輩であり、ダーイシュのプロパガンダによって煽られた同じ「若者文化」を共有しているので、実の父親の言うことには耳を傾けない。

世代の重要性は基本的なものである。「若者」たちは、自分たちの親の権威をも、親たちのイスラームをも拒絶する。改宗者ダヴィド・ヴァラが書いているように、過激主義を主張する人たちの言説は、こう要約できる。「君のお父さんのイスラームは、植民者たちがおいていったもの、文句を言わずに服従するやつらのイスラームだ。われわれは、われらのイスラームは、戦う者、血を流す者、抵抗する者のイスラームなのだ(8)」。もっとも過激派の若者たちは、多くの場合、親がいない(クアシ兄弟)か、家族としてなりたっていない家族に属する(ツァルナエフ兄弟〔ボストンマラソン爆弾テロの容疑者〕は親元から遠く離れて生活していた)。彼らが反抗しているのは、かならずしも自分たちの親そのものではなく、親が象徴しているもの、つまり、屈辱、社会へ

(8) David Vallat, *Terreur de jeunesse*, Paris, Calmann-Lévy, 2016, chap. 1.

の屈服、自分たちには宗教的無知としかおもえないものである。実際、彼らは世代関係を逆転させている。若者たちは自分の親より「よく知っている」、あるいは、少なくとも強い確信をもっているのだ。彼らは真実の保持者であり、親を「再」改宗させようとさえする。彼らは親よりも先に死ぬが、そうすることで、親に救いと永遠の命をあたえる。自分が犠牲になれば、罪に汚れた親は自分の仲介で天国にいけるというわけだ。テロリストたちはこうして親を生みなおすのである。

もうひとつの特徴として、彼らの多くが結婚していて、行動をおこす数ヵ月前に父親になっている——英国人ジャーメイン・リンゼイ〔ロンドン同時爆破テロの実行犯〕、あるいは二〇一五年バタクランを襲撃したオマール・モストファイのように。この現象は、テロ行為で死んでいくジハーディストたちのあいだで普遍的なものになりつつある。こうして戦いの場に数十人の「黒ヒジャブ〔ムスリム女性が頭髪を覆う布〕」の寡婦」と「獅子の子」が遺されることになる。彼らは自分の子どもを組織にあたえるのだ。

どのケースにおいても家族の単位は「現代的」で、夫婦と一〜二人の子どもから成る。配偶者は自分で決める（または同輩に紹介される）、つまり、家族が妻を選ぶような伝統的拡大家族の構造はまったくない――モハメド・サディク・カーン（二〇〇五年ロンドン同時爆破テロ）は、いとことの結婚を強制しようとした家族と絶縁した。妻たちは、多くの場合、改宗者である。夫婦は共同体の絆の外で、しかし、共通の思想的目標にもとづいて形成される。過激派のプロフィールにおいて一九九五年からおこった唯一の際立った変化は、女性の数、とくに非常に若い女性の数の増大である。彼女たちは心理的に夫の支配下におかれているどころか、大部分はジハーディストの計画を支持している。二〇〇一年九月アフガニスタン軍総司令官マスードを自爆テロで暗殺した男の妻マリカ・エル・アロウドは、女性ジハーディストを体現する熱血《パッショナリア》で、彼女の著作はジハーディストのウェブサイトでもっとも人気のある本に数えられる（フランス語版『光の兵士たち』）(9)。こうした女性たちがジハードに魅惑されるのは逆説的にみえる。彼女たちは他者の死によってしか生きることができないのだから。けれど、女性たち

(9) Malika El Aroud, *Les Soldats de Lumière*, Paris, La Lanterne, 2004.

が書いた文章がしめしているように、彼女たちは戦闘性と服従とが共存する論理のなかで生きているのである。(10)

女性の数の増大が可能になった、あるいは触発されたのは、ダーイシュが家族ぐるみのジハードを推奨しているからである（この点ではアルカーイダと異なる）。国や部族・種族・民族といったあらゆる帰属を捨て去り、家族や愛情の絆とも断絶した、新しい型の人間「ホモ・イスラーミクス」、つまり文字通り根無し草の人間をつくりだし、白紙状態から新しい社会を創造するという意図は、ジハーディスト運動において当初から存在していた。すでに触れたように、そこでは偶像破壊（文化遺産の破壊）と家族中心主義とが表裏一体となっている。

グループの孤立主義的側面は重要だ、現実のイスラーム社会に対して周辺的存在であることをうきぼりにするからである。彼らは最初から反社会的空間に生きていて、それは欧米社会ではヴァーチャルなものだが、カリフ制国家の地では現実なのだ。

こうした「孤立化」は、やはり別離でもある「移住《ヒジュラ》」がしばしば言及されることにもよくあらわれている。自分の暮らす国を離れることで、英雄は純化される。こうしたヒジュラは核家族の単位でおこなわれることが多い。移住するのは夫婦と子どもたちだけで、拡大家族をともなうことはけっしてない。このため女性の積極的な関与は欠かせない。ここでもまた必要なの

（10）一例として、シリアの自爆テロで死亡した、フランス人の母親とアラブ人の父親をもつアブー・オマール・アル＝ファランシの妻の長い手記を紹介しよう。彼女が改宗者であることは明らかだが（「私たちヨーロッパ女性は」と書いているので）、夫を支えるためにジハードに参加する妻のあり方を称え、そればかりか一夫多妻主義をうけいれている。しかし同時にカップルの抱えるさまざまな問題、夫婦間の対話、誤解を解くために話しあう必要性を強調している。「私たちヨーロッパ女性は、女性と男性は対等であり、女性の誇りが誰かのためにないがしろにされるべきではないと教えこまれていますが、じつのところ、そうしたことはまったく真実に反します。今日、夫も私もすでにそういう段階にはありません――アッラーを称えます――私はもうほとんど後悔していません。彼が発つ前の最後の週に私は三十枚の手紙を書き、この一年間心に秘めていたものを、良いことも悪いことも含めて言いました、すべてを言いました。私はその報いとして、彼の赦しをうけ――アッラーの赦しでありますように――、彼も心中をうちあけてくれたのでとてもうれしくなり、大いなる安らぎをえました。ただ私が残念におもうのは、彼の悲しみや、口に出さない思いを聞きだすのに十分な時間を割かなかったことです。それで、ときにすべてが変わることもあるのです［…］。くり返しますが、イスラームは命の浄化です。私たちはそこから、アッラーの赦しのもとで、精神と身体の均衡をえるために必要なあらゆる源泉を汲みあげることができるのです」（*Dar al-Islam*, n°8）。しっかりした現代的な文体で書かれており、高い教育をうけた女性の文章であることが分かる。

は、新しい信者の行動を裏づける資料をさがすことではない。一九八〇年代のジハーディストの文書は女性についてまったく言及していないのに、とつぜん女性が重要な役割をはたすようになったのは、たんに現在のジハーディストたちが現代社会に生きているからにすぎない。彼らは他の人たちと価値観を共有してはいないが、生活の様式は同じくしている。カップルの形成は重要である。ジハーディストの生活様式や社会関係が変化したからである。そんなわけで、ジハーディストはその配偶者とともに「社会から離脱する」道にはいり、武器を手にした兄弟姉妹たちとともに小さな社会を構築する。けれど、ジハーディストもまた、女性が解放された社会から出てきたのであり、彼らの「姉妹」たちの全員がヒジャブをかぶり、男女平等という幻想を一斉に糾弾しても、彼女たちが「現代女性」であることには変わりない。そこで「洗脳」という理論が出てくる。これに依拠して、親は子どもたち、とくに改宗した娘たちの選択について考える。親には自分の娘が「自発的隷従」の道を自由意志で選んだとはとてもおもえない。[11] けれど、そう発言することで、親はこれらの女たちがつきつける個人の自由や政治的選択に対する渇望の大きさを見落としている——最初の「黒い寡婦」たち（自爆テロをおこなったチェチェンの妻たち）も、最近のパレスティナ女性の単独での過激化の波も、論争の的になった。[12]

若者文化、非行、反抗

さて、のちにふたたび触れるが、SNSなどたんなるコミュニケーションのテクノロジー（さんざん強調されたことだが）だけでなく、ほかの側面でも過激派の大部分は「若者文化」

（11）Valérie de Boisrolin, *Embrigadée*, Paris, Presses de la Cité, 2015は、ジハーディストにしたがってシリアに行った改宗した娘とその母親とのあいだの相互理解の不可能性をよくあらわしている。スカイプや電話で娘と対話しながらも、母親にとってこれは洗脳としかおもえず、娘のほうは自分の「選択」であることを主張してやまない。

（12）興味ぶかいことに、重装備したイスラエル軍の巡察隊を刀剣でもって攻撃するパレスティナ女性についても同じような事実や論争がある。まず、驚くべき対称性として、行動にでる女性の数がふいに増大した。つぎに、彼女たちの自由の度合いについて同じような疑問が呈されている（たぶん彼女たちは夫の暴力など他の問題から逃げだしたいのだろう）。ジハーディストの妻たちの選択がひたすら理解不可能とみなされているのに似ている（新しい現象であるだけになおさらだ）。Amira Hass, «What Drives Palestinian Women Shot at Israeli Checkpoints to Their Death ?», Haaretz.com, 12 juin 2016.

にどっぷり浸かっている。よく知られていることだが、彼らはバーやクラブにでかけ、女の子をひっかけ、タバコを吸い、酒を飲む（アブデスラム兄弟のプロフィールは典型的だ。サラー・アブデスラムは二〇一五年十一月十三日の襲撃当日の夜を空家に不法侵入して過ごしたが、一緒にいた若者たちの目にはごく普通にみえた、つまり自分たちと同じようにしかみえなかった）。フランスではテロリストの約五十パーセント（私のデータベースによる）が、軽犯罪をおかした経験をもつが、ドイツやアメリカでも同じ数字がみられる（なかでも飲酒運転は予想外に大きな割合をしめる。これもまた宗教の教義をほとんど実践していない証拠だ[13]）。

服装も現代の若者たちと変わるところがなく、ブランド好きで、カスケットやパーカ、いわば「ストリートウエア」を身につけていて、そうしたものをイスラームふうにアレンジさえしていない。そのうえ、あご髭は今日ではすでに信仰心をあらわすものではない（流行はあらゆる方向に伝播する。かつては、あご髭をたくわえることは、過激なイスラームのしるしとして否定的にとらえられていた。二〇〇四年、多くの学校長が校内でのヒジャブ着用をみとめなかったように[*]、あご髭も禁止してもおかしくなかったはずだが、いまでは普通の若者のあいだで大流行している）。サラフィー主義者の服装はけっしてしない——かならずしも人目につきたくないからではない（目立たずに行動しようとする活動家は、そうした服装を控えるべきだとされてはいるが）。イスラーム教に（再）改宗したことを、彼らはまったく隠していないのだ。[14]テロリストたちの音楽の好みも時流に乗っていて、ラップが好きで、バーやクラブにでかけていく。過激派の中心人物のひとりに、ドイツ出身のラッパー、デニス・カスパート（芸名はデソ・ドッグ、改宗後はアブー・タルハ・アルマニ）がいる。彼は混血で、シリアで殺害されたという〔その後生存が確認されたが、二〇一八年一月十七日シリア空爆で死亡〕。彼らのイスラームへの移行をしめすのは、別の

(13) 二〇一五年、米海軍施設を襲撃した（その後殺害された）モハメド・ユースフ・アブドゥルアジーズのケース〔チャタヌーガ銃撃事件〕。Laurie Goodstein, «U.S. Muslims Reach Out to Address Questions on Islam and Violence», NYTimes.com, 23 décembre 2015.

(14) 行動をおこす前の数週間のあいだに親ダーイシュ宣言をネットにアップするテロリストは少なくない。ビラール・ハドフィ〔五一頁参照〕、アデル・ケルミシュ〔同前〕、ラロッシ・アバッラ〔マニャンヴィル警官刺殺事件〕がその例だ。

＊訳注　フランスでは二〇〇四年、公立学校で宗教的帰属をしめす標章を身につけることが法的に禁止された。

ジャンルの音楽、ナシードという楽器を伴わないイスラーム声楽曲への傾倒だが、これもまたサラフィー主義とは何の関係もない音楽で、このことについてはのちに触れる。彼らは、もちろんのこと、ビデオゲームや、暴力的なアメリカ映画――ブライアン・デ・パルマ監督の『スカーフェイス』(一九八三)のような――の愛好家である。ダーイシュの機関誌『ダービク』第二号は、洪水に関する記事の図版として、ダーレン・アロノフスキー監督の『ノア約束の舟』(二〇一四)の映像をつかっている。

くだんの暴力文化(功夫《クンフー》や武器を手にした自撮《セルフィー》り)については、のちほど再び触れる。こうした暴力とのかかわりは、ジハードやテロリズムに行き着くとはかぎらず、たとえばマルセイユの暴力団の紛争に流れこむこともある。あるいは公的機構にひきつけられることもあれば(メラーは軍への入隊を望んでいた)[15]、スポーツに向かうこともある(二〇一六年三月ブリュッセル国際空港テロに加わったナジム・ラーシュラウィの弟ムラドは、テロの二ヵ月後にテコンドーのヨーロッパ選手権で優勝している)。ロンドンでダーイシュに参加した改宗ポルトガル人のある集団(その大部分はじつのところアンゴラ出身者だが)は、タイボクシング(ムエタイ）のクラブのなかにおさまっていた。このクラブを創設したのは英国のNGOで、その目的は移民を社会に組みこむことだったのだが……。[16] ジハーディストの社会化において、格闘技のクラブはモスクより重要な役割をはたす。ベルギーにはマンガマニアでバイク乗りのジハーディスト集団「カミカゼ・ライダーズ」がいて、その大多数はモロッコ人だが、この名称はイスラームのグローバル化をしめす格好の例である。二〇〇三年にベルギーのアンデレヒトで生まれたこの暴走族が、前輪を上げてブリュッセルの環状道路を走る光景にラップのBGMをつけ

(15) エリヤミーヌ・セトゥールは、フランス軍に所属するムスリムに対するアンケートをおこなって、彼らを三つのカテゴリー（愛国主義者、ご都合主義者、落ちこぼれ）に分類した。いっぽうで彼は過激派についての研究をすすめるうち、三番目のカテゴリー（落ちこぼれ）が軍人とジハーディストに共通していることに気づいた（人間科学院［MSH］とモンテーニュ研究所の共催で二〇一六年五月三十一日〜六月一日に開かれたシンポジウム「東洋と欧米のあいだの国を越えたジハーディズム」における発表）。

(16) ポルトガルの「Expresso」紙が、二度にわたり移住した五人のポルトガル人ジハーディストについてすぐれた調査をおこなっている。この五人はアフリカからポルトガルへ、その後ロンドンもしくはフランスへ移住した。五人ともカトリックからイスラームに改宗している（«Killing and Dying for Allah: Five Portuguese Members of Islamic State», Multimedia.Expresso.pt）。

た動画がいくつか公開されている。だが、二〇一二年と二〇一三年に、そのメンバーの一部が「シャリーア4ベルギー」〔シャリーア（イスラーム法）のベルギーでの施行などを目的とする過激派組織。二〇一〇年設立〕とのかかわりでテロリストとして有罪判決をうけた。二〇一五年にはメンバーの二人が、ブリュッセルで新年のテロを計画した容疑で逮捕された(17)。

過激派がつかう言葉は、あくまでも自分たちが住んでいる国の言葉、この場合はフランス語である。彼らはしばしば「若者言葉」で話し、改宗すると、郊外言葉のサラフィー主義バージョンをつかう(18)。彼らは若者文化に浸っていて、同時に、その大多数が少年時代に軽犯罪をおかした経験をもつ（いちばん多いのは麻薬の売買で、暴力行為にはしった者もいるが、銃を手にしたことのある者は稀）。彼らは刑務所において宗教の通常の枠組みの外で、過激化した「同輩」に出会うのである。刑務所の役割については、社会学者ファルハド・コスロカヴァールが十分に研究しているので、ここで詳述するまでもないだろう(19)。刑務所はつぎのような現象をさらに進行させるということだけを指摘しておこう。世代意識の強化、制度に対する反逆、団結した集団の形成、規範順守に依拠した自負心の追求、犯罪を正当な政治的反逆とみなすこと

（かつて極左がよくやっていた、銀行襲撃による「革命の税金」の確保は、いまや不信仰者か

（17）Lizzie Dearden, «Belgium Terror Plot: Kamikaze Riders Motobike Club Members Charged with Planning Attacks on Brussels», Independent.co.uk, 31 décembre 2015. 参考として、社会学者イヴ・パットによるモレンベーク街〔近年テロの温床とされている〕についての研究、そして一般的な過激化についてのすぐれた研究をあげておく——彼はベルギーのバイカー集団についても触れている（«Désappropriation. Radicalisation. Abandon. À quoi se raccrocher ?», YvesPatte.com, 24 avril 2016）。首都リヤドで自動車の片輪走行にうつつを抜かし、その一部がのちにジハードに参加したサウディアラビアの若者についてはパスカル・メノレが研究しているが、こうした若者と比較すると驚きを禁じえない（Pascal Ménoret, *Royaume d'asphalte. Jeunesse saoudienne en révolte*, Paris, La Découverte, 2016）。

（18）この現象を私は *L'Islam mondialisé*（既出）のなかでとりあげた。彼らはフランス語にわずかばかりのアルファベット表記のアラビア語をミックスしてつかう。たとえば *din*〔宗教・信仰〕、*kuffar*〔異教徒をさす蔑称〕、*zina*〔シャリーアで罪とされる婚前・婚外性交渉〕、*muslima*〔女性信者〕、*muslims*〔男性信者〕……といったように。

（19）Farhad Khosrokhavar, «Radicalization in Prison: The French Case», *Politics, Religion & Ideology*, vol.14, n° 2, 2013, p. 284-306; *id.*, *Radicalisation*, Paris, Éditions de la Maison des sciences de l'homme, 2015.〔邦訳『世界はなぜ過激化（ラディカリザシオン）するのか？』池村俊郎他訳、藤原書店、二〇一六年〕参考として、宗教実践者によるみごとな分析をあげよう。Guillaume Monod, «Prison et radicalisation des jeunes», *Évangile et Liberté*, n° 298, avril 2016.

ら奪う正当な戦利品《ガニマ》なのである）。

新生（born again）または改宗

もうひとつの共通する特徴は、テロリストたちと彼らのもっとも身近な人たちとのギャップである。テロがおこるたびに、大量の報道を読むと、いつも同じかたちの話がくり返される。周囲の人たちの驚愕と半信半疑だ。名前が特定されるやいなや、そのテロリストが居住していた地域にジャーナリストが殺到し、あちこちのドアベルを鳴らし、街頭インタビューでバーやモスクの周囲をかけずりまわる。そして、いつも同じ決まり文句が返ってくる。「わからない、彼は宗教を実践していなかった、酒を飲んで、バーやクラブに出入りしていたし……ああ、そういえば、ここ数ヵ月、宗教のことを口にしていた」。実際にいつ過激化したにせよ、どれほど巧妙にひた隠しにしていたにせよ、若者たちの過激化は、彼らの生活環境の外で生じていることはまちがいない。彼らは共同体の過激化の前衛ではない。とくに宗教的な環境で生活していたわけではない。地域のモスクとのかかわり方には二通りある。たまにしかモスクにやってこないか、地域の指導者《イマーム》に対する礼を失する言動のせいで追放されたかである。彼らの誰ひとりとして、ムスリム同砲団（フランスの場合は、フランス・イスラーム組織同盟）に加入していないし、イスラームの慈善活動や信者獲得のための布教活動をしたこともなければ、パレスティナの人びととの連帯をはかる組織に参加したこともなく、そればかりか、私の知るかぎり、二〇〇五年のパリ郊外暴動〔北アフリカ出身の若者の死に抗議しておこった〕に加わった者さえいない。ひとことで言えば、テロの背後には、たとえ行動形態には賛同しなくても、その思想や計画を共有するような社会運動や政治運動は存在しないのである（ただ、先ほど指摘したように、「シャリーア4ベルギー」のような小集団なら存在する……）[20]。彼らがテロ行為に走る以前に、まず「宗教的な」過激化をうながした運動はまったくないのだ。宗教的な過激化があるとすれば、それはサラフィ

(20) 唯一の例外は（ダーイシュは別として）、汎イスラーム運動をおこなっているヒズブ・タフリール〔二二一頁参照〕で、カリフ制国家の即時樹立を主張している。この組織は英国、オーストリア、デンマークに根をおろしているが（そこからインドネシアに広がった）、いまのところ暴力行為にはかかわっていない。より過激なアル・ムハジルーン〔本文後述〕がこの組織と決別したのは、まさしくこの暴力の問題が原因だった。

ー主義のモスクの内部においてではなく、個人によるものか、または小集団をつうじてである。

唯一の例外は英国で、アル・ムハジルーンという組織（リーダーはシリア人、オマール・バクリ・ムハンマド）のメンバーを中心にして、戦闘的なモスクのネットワークがつくられ、そこから、さらに過激な「シャリーア4英国」が生まれ、アンジェム・チョウダリーが指導している。英国以外では、あちこちに非常に過激な小集団（シャリーア4ベルギーやフランスのフォルサン・アリザのような）があって、通過点の役割をはたしたが、テロ行為では中心的な役割はになっていない。

したがって、問われなければならないのは、ジハーディストが宗教者になる過程である。彼らは共同体の外において、テロ行為を遂行する少し前の遅い時期に、かなり唐突に転身を遂げる。警察の調書やジャーナリストたちの取材だけでなく、戦いの仲間たちの証言からもこのことはみてとれる。さきほど引きあいにだしたアブー・オマール・アル＝ファランシの妻〔本章原注10参照〕はこう語っている。

アッラーに導かれた多くの兄弟姉妹たちと同じように、夫はそれ以前には、真のタウヒード〔イスラームの価値観の根本〕を知らない闇のなかで生きていました。さらに、多くの人たちと同じように、自分を完璧なムスリムだとおもいこみ、そう明言していましたが、じつは誤りのなかにとどまっていたのです。夫には、深い愛情をよせる友人でもある兄弟がいて、シャームにやってきたとき、その人を探しあるきましたが、見つけだすことができませんでした。残念ながら、その人はまだフランスにいたのです。その兄弟は、夫が真のイスラームとは何かを理解するのに大きな助けになってくれました。真のイスラームとは、タウヒードと恭順によって、アッラーに完全に服することです。これを実現する唯一の手段は、最大の酬いをうけるために、自分の身体も魂も宗教にささげることなのだとついに夫は理解しました。そこにいたるまで五年の歳月を要しましたが――アッラーを称えます――目覚めたときには、時を無駄にすることも、弁明することもありませんでした……。私たちの夫がジャーヒリーヤ（イスラーム以前の時代）の生活をおくっていたとみなす人たちもいましたが――アッラーよお赦しください――、ものごとがどのように展開したかをどうかみて

ください——アッラーを称えます。(21)

ここまで指摘したことを要約してみよう。過激派の特徴的なプロフィールとして、彼らは第二世代の若者または改宗者で、多くの場合、ありきたりの軽犯罪にかかわったことがある。宗教教育をうけたことはまったくないが、モスクの枠内というよりも、たいてい仲間の集団やインターネットをつうじて、最近になって急速に改宗・再改宗の軌跡をたどった。彼らは信仰の道に入ったことをひけらかし、秘密にすることはめったにないが（隠し立てはよくない）、それが敬虔な奉仕に向かうとはかぎらない。断絶の宣言は激烈で（不信仰者《カーフィル》は敵であり、妥協は許されない）、矛先はイスラームのまちがった実践をしている（あるいは改宗を拒んでいる）家族や、名ばかりで反乱しようとしないムスリムにも向けられる。ひとことで言えば、過激化とは絶縁であり、しばしば周囲の人たちの理解をこえている（ここから、相反する二つの解釈がでてくる。その出身——ムスリムであること、または植民地支配下にあったこと——に起因する、抑圧されていた者の目覚めという解釈、または、洗脳によるという解釈である）。

同時に、過激派がジハーディストを自称し、過激なイスラーム組織に立脚点をもとめる選択をしたことは、場当り的な行為ではない。イスラームへの依拠は、彼らが行動にでることの支柱をなしていて、この点で、他のかたちの若者の暴力とまったく異なっている。先にふれたように、暴力文化の広域にわたる拡散は、イスラームをも「取り残す」ことはなかったことを指摘しておこう。彼らが思考と行動を構築するのにイスラームを選んだのは、本質的なことであり、私たちが理解しなければならないのは、この「過激性のイスラーム化」である。

過激化の領域という、鍵をなす問いに立ちもどる前に、原因や動機になりうる他の諸要素をざっと検討してみよう。

「客観的」な原因の不在

前述した共通の特徴（第二世代、改宗者、大半が軽犯罪の経験を有すること、遅い時期に宗

（21） *Dar al-Islam*, n°8.

教的実践に入ったこと）を除けば、彼らの動機を理解する助けになるような、社会‐経済的もしくは心理的な指標と相関関係にあるようなものはほとんどみあたらない。

過激化した若者の典型的な社会的・経済的プロフィールをえがくことはできない。もちろん、都市郊外の住人が非常に多いが、それはたんに第二世代の圧倒的多数が郊外で生活しているからにすぎない。過激化した若者を、彼らの住む欧米社会に対する反抗へと駆りたてる怨念が、「郊外の若者の鬱屈」とよばれるものと無関係だとは言えないだろう。とはいえ、ジル・ケペルのように、アルジェリア戦争、一九八三年の反人種差別行進*、一九九五年の〔GIAによる〕パリ郊外電車爆弾テロ、二〇〇五年のパリ郊外暴動、パレスティナ支援、女性のヒジャブやハラール食品〔イスラームの戒律にしたがって製造された食品〕の消費増大、さらには二〇一六年のエル・コムリ法〔労働時間や解雇などの条件を緩和するための労働法改正案〕に対する抗議デモといった事柄のあいだに連続性をみいだし、現在のテロはいわば同化政策の失敗または拒絶の結末であるとするような(22)、歴史を後から書きかえることはすべきでないだろう。こうした連続性は、「ムスリム出身の若者」という曖昧なラベルの現実性をもつだけで、過激主義を、社会に対するあらゆるかたちの反逆と、移民出身の若者たちをまきこむ宗教のリバイバルとの必然的結果とみなす、民族的唯名論の範疇にはいる。それは、反乱という反乱をイスラームと関連づけてしまう。ところが二〇〇五年の暴動は、都市におけるあらゆる暴動と同じように、基本的に、とるにたらない軽犯罪をおかした若者を死にいたらせた警察権力の姿勢に対する抗議だった。二〇〇五年の暴動を触発したのは、催涙弾がモスクに投げ込まれたことではなく、ズィエド・ベンナとブーナ・トラオレの死〔警察に追われ、変電所で感電死した〕だった。催涙弾投入は、暴動がおこった後に生じた副次的な出来事にすぎない。こうした暴動はそれ以前にも何度もあったが、「イスラームのせい」にされたことはなかった。

種々さまざまなかたちの反乱における連続性の不在はつぎのことを説明する。なぜテロリス

(22)『レクスプレス』誌、二〇一六年六月二十二日号でのインタビュー(*L'Express*, 22 juin 2016)。同年七月におきたニースのテロ攻撃と、警察の監視下にあった若者の死に抗議するボーモン＝シュル＝オワーズの抗議行動〔第一章原注4参照〕とはまったく繋がりがない。後者は警官の暴力および人種差別の疑いに対する抗議であり、ダーイシュと同一視できる要素は皆無である。

＊訳注　フランス全土で一九八三年十月から十二月にかけて展開された、大規模な反人種差別運動。アラブ人に対する差別がきっかけとなったため、メディアでは「ブール(Beurs：フランス生まれのアラブ人二世)の行進」と呼ばれている。

トたちがこれほど少数なのか、なぜテロリストたちが自分たちの閉じた集団としかかかわりをもたず、外の社会の他の集団を取り込むことなく、たがいに相似形をなし、複製されていくのか、なぜ種々の社会的・政治的・宗教的な抗議活動のリーダーたちがたどる軌跡がほとんど交差せず、テロリストたちの軌道ともけっして交わらないのか、なぜテロリストのなかで改宗者がこれほど多数を占めるのか、なぜ過激派の居住区域が貧困層のそれとかさならないのか（ベルギーのモレンベーク街だけは別として。といっても、そこに行ったことのある者――私も含め――からすると、「サラフィー主義者のゲットー」というばかげた呼称は適切でないだろう）。

とりわけ、こうした安易な解釈は、テロリストたちの軌跡がステレオタイプとはほど遠いことを無視している。こうした解釈は、テロを同化政策の失敗の結果（したがって内乱の予兆）だとみなしていて、社会に同化し、高い階層にいる大勢のムスリムたちを一瞥もしていない。単純な事実をひとつあげると、フランスでは治安維持機構に所属するムスリムは、ジハードに参加するムスリムよりはるかに多い。フランス軍のムスリム聖務局の調査によれば、全軍にしめるムスリムの割合は十パーセントで、人数にすると八千人から一万人に相当する。(23) ムスリム出身の人びとの変化を分析するのに、反逆行為という面ばかりをとりあげることは、ムスリムにおける他のかたちの同化にも、また、二〇一五年、二〇一六年にとくに目立った非ムスリムの暴力的な反乱にも目を向けていない。警官に対して反乱をおこした郊外の「褐色の皮膚の」先導者たちは、イスラームのテロリストよりも、極左のデモで破壊行為をはたらく「白人たち」に似ている。

他方では、これについてはまた触れるが、過激派はサラフィー主義が幅をきかせている場所からやってきたわけではない。アブデスラム兄弟は、「サラフィー化」したと言われる地域でビストロを経営していたが、となると論理的には、酒を飲む者やヒジャブをつけていない女性は禁足であってしかるべきだ。けれど実際にはそんなことはなかった。この例は、こうした札つきの地域の現実が、言われているよりは込み入っていることをしめしている。

(23) 二〇一六年、私とイスラームの高位教職者との対話より。フランスにおいて軍は、希望者を対象に宗教に関する調査をおこなうことのできる唯一の公共機関である。その理由は明白だ(調査結果は死に直面したときの精神的支えや葬儀の準備に役立つ)。その統計の数値は信頼できる。

さらに、ジハードの地図は、貧困層の多い郊外の地図と同じくらい複雑である。ジハードはつねに生活難の郊外が生みだすとはとうてい言いがたい。ジハーディストの数は、パリ北部〔貧困層が多い〕のほうがパリ西部より多いわけではないし、ニースには、セーヌ＝サン＝ドニ県〔パリ地域に属する貧困層の多い県〕やマルセイユより絶対数で多くのジハーディストがいる。[24] 改宗者はしばしば地方や小都市の出身で、マクシム・オシャール〔ノルマンディー出身、ダーイシュで人質の斬首に関与〕のように農村から来た者さえいる。こうした事実は、非ムスリムが「重労働仲間」との連帯意識から改宗するという見解と相反している（そういうケースがあるのはたしかだし、改宗者のなかにはグランヴィジール兄弟や〔アルカーイダに関与した〕ウィリー・ブリジットのように、アンティル諸島やアフリカの出身者が非常に多いのはそのためだろう[25]）。とくに、ジハーディストのさまざまなプロフィールからみえてくるのは、きわめてよく社会に同化した学歴の高い若者たちの集団だ（カメル・ダウーディ〔二〇〇一年六月、在仏アメリカ大使館爆破計画に関与〕、ハキル・シュライビ〔二〇〇五年、アルジェリアでテロ容疑で逮捕された〕、ムスタファ・エル＝サンハラウィ〔二〇〇六年、イラク・シリア国境で逮捕された〕）。アバウド兄弟はかなり成功した小商人の業界に属しているし、アブデスラム兄弟の父親は事務職の職歴を積んでいる。言うまでもないことだが、サウディアラビアのジハーディストたちは、アメリカの空爆の惨めな犠牲者とはほど遠い人たちだったし、二〇一六年七月一日ダッカで大量殺人テロをおこした五人のバングラデシュ人はいずれも欧米化した若者で、きわめて恵まれた体制的な家庭の息子だった。

テロリストに特有な精神病質の特徴は存在しないということは、精神科医でテロリズムの専門家でもあるマルク・サージュマンがしめしているとおりだ(26)。といっても、精神病質者がダーイシュの壮大な言説にとびついて、自殺志向のネガティヴ・ヒーローの役割を買ってでるこし

(24) 二〇一五年三月二十七日の『ル・モンド』紙に載った地理的分布図による。二〇一六年七月十四日ニースのテロ事件と、その後若いムスリムについて論争の的になったマルセイユに関する問題は、こうした興味深い矛盾をよくあらわしている（«La vidéo du Marseillais fait réagir des Français de l'État islamique», Rue89, NouvelObs.com, 22 juillet 2016）。

(25) 改宗者のなかには、カリブ海地域やアフリカの出身者、混血の人たちが非常に多い。この現象はフランス、英国（ヒンドゥー教に改宗する人も多い）、ドイツ、オランダ、アメリカ（アフロアメリカン）で確認されており、「反逆のイスラーム化」を裏づける。彼らの怒りにはたしかな根拠があり、そのためにイスラームという領域を選んだのである。

(26) Marc Sageman, *Le Vrai Visage des terroristes. Psychologie et sociologie des acteurs du djihad*(2004), Paris, Denoël, 2005.

もありうるだろう。アメリカ・オーランドの銃乱射犯は自分自身の同性愛志向をうけとめることができずに、いずれにせよゲイバーを標的にしたとみることもできるかもしれないが、私たちが問題にしたいのは、このテロリストが自分の行為をダーイシュによる物語の構築《ナラティヴ・コンストラクション》と結びつけていることである。けれど、シャルリー・エブド襲撃事件以来、心理学者・精神科医たちが、過激化（したがって、当然ながら脱過激化）の分野にのりだしていることは興味ぶかい。どんな専門分野においても好機というものがあることはまちがいない。二〇一五年十一月十三日のパリ同時多発テロ事件をきっかけに、フランスでは遅ればせながら脱過激化という市場がひらかれた。だが、それだけでもって精神分析学の有効性を退けるわけにはいかない。精神分析学はテロリストを精神病質者とみなす立場をとっていないが、全体として、テロリストの「傷つけられた自己愛」や、落伍者の感情や怨念の重要性を強調する。この研究に寄与しているのは精神分析学者たち（フェティ・ベンスラマ、ジャン＝リュック・ヴァニエ、レイモン・カーン）[27]である。彼らは病理学的な視点より、人格的な特性に依拠した考察をおこなっている。要するに、問われているのは、ありもしないテロリストの精神病質を定義することではなく、イスラーム・テロリズムとは別物の他の若者たちの自殺行為にみられるさまざまな感情の蓄積においても、過激化が影響を及ぼしていることに注目することである（たとえば、自分のかよう高校で大量殺人をおかした後、自殺したアメリカの高校生。一九九九年におきたこの事件を契機に、こうしたふるまいは高校の名をとって「コロンバイン症候群」と呼ばれる）。ナルシシズムは多くの人たちが共有する概念だが、過激化の動機は別のところにもとめるべきだろう……。

けれど明らかなのは、精神疾患を病む人たちが、自分たちの妄想を他の人たちとわかちあい、意味ある世界と一体化させる手段を、ジハーディストの想像の世界のなかにみいだしうるということである。端的にいえば、狂気の虐殺の瞬間に正気になれるのだ。「精神病質者」などではなく、「テロリスト」という威信ある名があたえられるのだから。ニースのテロ実行犯モハ

（27） Fethi Benslama, *Un furieux désir de sacrifice. Le surmusulman*, Paris, Seuil, 2016; Jean-Luc Vannier, «Dans la tête d'un djihadistes», Causeur.fr, 25 novembre 2014; Raymond Cahn, «Les djihadistes, des adolescents sans sujet», *Le Monde*, 8 janvier 2016.

メド・ラホアイエ・ブーレルはおそらくそのケースだろう。彼は精神病質者で、自分の狂気をダーイシュの言説に重ねあわせ、行為にのりだす前に組織と接触してその一員となり、そこで同志をみつけて、組織のお墨つきをえたのかもしれない。組織はみずからの予言が自動的に実現したことに歓喜したことだろう。ひとことで言えば、狂気と闘争とをきっぱり区別することはできないのだ。ダーイシュの想像の世界が個々人によってきわめて異なっているのはなぜかを理解させてくれる、もうひとつの理由である。

中東紛争との関連

ハレド・ケルカルのケース〔GIA連続爆破テロ事件〕は転換点をしめしている。一九九五年まで、中東情勢を背景にしてフランスでおきたテロは、イスラームの過激化とはほとんど関係がなかった。それらのテロ（一九八二年ロジエ通りのユダヤ・レストラン、一九八〇年コペルニク通りのシナゴーグ、一九八六年ユダヤ系衣料品店タチ）を遂行した人たちは、外部からやってきて、地下に潜行し、検挙をまぬがれようとした――ふたたび行動をおこすため、あるいは故郷に帰るために。テロの目的は、イスラエルと同一視しうる標的を叩く、または、特定の政策に関するフランス政府の方針を変えさせる（レバノン政策、反イラン・イラク支持、〔GIAによる〕一九九五年の郊外電車テロのようなアルジェリア反政府軍支援）といった明確な目標があった。けれど、一九九四年（モロッコ・マラケシュにおけるホテル襲撃）以来、とりわけ翌一九九五年から、新しい現象があらわれる。外国の過激なイスラーム組織が、移民第二世代のフランス国籍の若者を道具としてつかいはじめたのだ（司令者は、マラケシュのテロではモロッコ過激派イスラミスト、パリ郊外電車のテロでは武装イスラーム集団（GIA）――両者とも、背後にアルジェリアの機関がかかわっていたことも否定はできないが、重要なのは、実行犯たちがイスラームのために戦うという確信をもっていたことだ）。テロリストたちの過激化は、地元において、中東の活動家たちとはまったく異なる仕方で進行した。

本著冒頭で強調したように、一九九五年以降ある特定の紛争とテロリストやジハーディストとのあいだには直接的な関係はない。第一に、自分の家族の出身国のために戦いにでかける者は誰もいない（ソマリア系アメリカ人は唯一の例外）。出身国の悲劇を叫んで、反乱の根拠にしようとした者は誰もいない。オーランドのゲイバーを銃撃したオマー・マティーンのケースは典型的である。彼の父親はターリバーンを称え、アフガニスタンを中軸にした、あまり一貫性のない活動をすすめていた。その息子オマーが銃撃事件をおこしたのは、ターリバーンの最高指導者アフタル・ムハンマド・マンスールが〔二〇一六年五月〕アメリカ軍の無人機による爆撃で殺害された数週間後だったが、オマーはターリバーンの指導者の死については一言も発せず、ダーイシュのことばかり口にしていた。つまり彼がかかわっていたのは、中東紛争ではなく、グローバルなジハードなのである。二〇一三年、チェチェン共和国系のツァルナエフ兄弟には、モスクワに対してジハードをおこなうのに十分な動機があったはずだが、彼らが爆弾テロの標的にしたのはボストンマラソンだった。一九九四年のマラケシュ襲撃事件にはパリ郊外ラ・クールヌーヴに住むモロッコ系の若者がかかわってはいたが、彼が行こうとしていたのはボスニアであり、また、共犯者のステファヌ・アイト・イディールはアルジェリア出身でありながら、アルジェリアでジハードをおこなう意図はまったくなかった。しかもそれは、ＧＩＡによるジハードが大きな盛り上がりをしめしていた時期なのだ。

ある集団に任務（バタクランの大量殺人のような）があたえられるとしても、その集団が外部の組織によって結成されたことはなかった。ルーベ団も、ジャメル・ベハールにしても、当初からどこかの組織と繋がっていたわけではなく、外部のジハードに加わるなかで組織と接触した。

この帰結は重要である。組織によるリクルート以前に、彼らはすでに過激化していたのだ。ローカルな集団と、のちに彼らが名乗ることになる過激派組織とのあいだを結ぶ「仲介者」がいるだけでよかった。しかし、ローカルな集団はどこかの組織に駆り立てられなくても行動をおこすことがある（ルーベ団や、アメリカや英国の「一匹狼《ローン・ウルフ》」による銃撃がこのケースだ）。つまり、外部の過激派組織をいくら壊滅させても、個々人の過激化を阻止することはできないのである。GIAからアルカーイダを経てダーイシュに至るまでの外部組織は、自分たちがつくったのではない既存のプールから汲みあげているのだから、探求しなければならないのは、過激化の内的要因である。過激化の理由は、戦略上の目的（ヨーロッパに対する攻撃）や、過激派組織の戦術（漏洩をふせぐために兄弟を徴用する、空港警備をくぐりぬけるために女性をつかう）のなかに探しもとめるようなものではない。

そんなわけで、とりくまなければならないのは、つぎの二つの基本的な事柄だ。ジハーディストたちの空想世界とは何か？　そして、ジハーディストたちはイスラームとどんな関係にあるのか？

第三章　ジハーディストの空想世界——過激性のイスラーム化

過激化においてイスラームはどんな位置をしめているのか？

ジハーディズムはサラフィー主義の延長上にあるとする見方は、じつに一般的である。サラフィー主義者のすべてがジハーディストではないが、ジハーディストはすべてサラフィー主義者で、サラフィー主義こそがジハーディズムへの入口だというのだ。一言でいえば、宗教的過激化は政治的過激化の第一段階ということになる。これまでみてきたように、ことはもっと複雑だ。

これら過激派の若者たちが本気の信者であることだけはたしかだろう。つまり、自分たちは天国に行くものとおもっていて、その拠り所は徹底してイスラーム的なのだ。彼らが参加する組織は、イスラーム制度の確立をめざし、さらには、ダーイシュにいたっては、カリフ制国家の再建をかかげている。だが、どんなかたちのイスラームなのだろうか？　ここでの錯誤は、神学論、つまりテクスト解釈に焦点を合わせることだ。「穏健なイスラーム」と「過激なイスラーム」が区別できるだろうか、という単純な問いに答えるために、一貫性のある教義文書集を探りだそうとすることである。穏健なイスラームなど存在しないと考える一部の「嫌イスラーム」の人たちは別にして、ムスリムの伝統的権威者やリベラルなムスリム知識人にしても、世俗の政治権力や国の機関にしても、その答えとして、テロリズムを否定し、ジハードを純粋に精神的なものとみなす「穏健なイスラーム」と、テロリストやジハーディストの温床となっているサラフィー主義やワッハーブ派のような「過激なイスラーム」とのあいだに一線を設けようとする。

だが、これまでみてきたように、ジハーディストは教義について思索した後に暴力行為に走るわけではない。それに必要な宗教的教養を、彼らはほとんどもちあわせていないし、そもそもそうしたものを獲得する意思がほとんどない。彼らが過激になるのは、教義をよく読んでいないせいでもなければ、誰かに操られているせいでもない。彼らが過激なのは、そうなることを選択したからであり、過激であることだけが魅力的におもえるからだ。どんなデータベースを参照しても、ジハーディストたちの宗教的知識のとぼしさは明白だ。[1] すでに触れたように、私たちはダーイシュにとりこまれた外国人四千人ほどの記録を調べた。そこから、彼らの教育水準は比較的高く（大部分は高校を卒業している）、その七〇パーセントはイスラームのごく初歩的な知識しかないと公言していることが分かる。当然のことながら、きわめてレベルの高い宗教的知識をもつと自認しているのは、サウディアラビア国籍の人びと（宗教教育が義務化されていて、学校でよく教えられる）や、エジプト人、チュニジア人、インドネシア人だが、欧米在住のジハーディストの七割以上はイスラームの初歩的な知識しかもっていないことを認

（1）　ＭＩ５（英国情報局保安部）の二〇〇八年の報告書はこのことを指摘している。「彼らは敬虔な信者とはほど遠く、ジハードにかかわった者の圧倒的多数は信仰を規則的に実践していない。多くの者は宗教教育をうけておらず、宗教に関しては新参者とみなされている。宗教の影響をつよくうけている家庭の出身者は非常に少なく、改宗者の割合が平均より高い」（Alan Travis, «MI5 Report Challenges Views on Terrorism in Britain», *The Guardian*, 20 août 2008）。

めている。（2）

この問題を探索する人たちが教義を重視しているのには、二つの理由がある。過激派の空想の世界には注目せず、研究室に閉じこもって仕事をする「学識豊かな」研究者が接近できるのは教義のテクストのみであり、そしてとりわけ、それが今日宗教の名のもとで使用できる唯一のものだからだ。私たちの社会も知識も根本的に世俗化しているため、宗教をあつかおうとすれば、「宗教性」とは何かを無視して教義を検討するしかないのである。ところが、神学理論とは、教義とそれ以外のもの、つまり教義から切り離された感情、空想、美学などとを包括する論証的な体系にもとづいてテクストを解釈することにほかならない。しかし、ここでまさに問題にされなければならないのは、宗教そのものではなく宗教性、すなわち信者が宗教をどのように生き、神学の要素、実践、想像の世界、慣習をどのようにとりこんで、すべてを超越するものを自己のなかに創りあげているかである。そしてジハーディストの場合は、こうした構築によって、生命の蔑視、自己の生命と他者の生命の蔑視へと引きこまれる。

ここで、区別しなければならないのは、預言者ムハンマドの言行録（ハディース）の方法論的伝統にきわめて深く根ざしているダーイシュのイスラーム（ダーイシュは明らかに伝統的な神学を身につけた「学者」が書いたものを拠り所にしている）と、英雄主義の空想と現代の暴力とを何よりも機軸にしているジハーディズムのイスラームである。ダーイシュの注解は、英語やフランス語によるオンライン機関誌『ダービク』と『ダール・アル・イスラーム』〔二〇一四年創刊〕にふんだんに盛り込まれていて、欧米出身の志願者にはたやすくアクセスできるが、それが過激化（一九九五年にはじまる）の原因ではない。ムハンマドの言行録に繋げて長い論証的分析をするなどということを、過激派のジハーディストはけっしておこなわない。彼らのなかで効力があるのは、過激な空想と、ダーイシュがあたえる神学的「論理化」との継ぎあわせであり、それは現実の知識ではなく、権威者の論理に依拠している。

若いジハーディストが「真実」を語るとき、それが論証的な知識に依拠していることはまずない。彼らを支えているのは自分自身の確信であり、ときにはその確信は一度も読んだことの

(2) «Isis Documents Leak Reveals Profile of Average Militant...» 前出〔第二章原注2〕。

ないイスラームの賢人の呪文のような文言を拠り所にしている。そこに自己を投入できるものをみつけだすのだ。彼らは、つぎの二つの作業をつうじて空想と知識とを繋ぎあわせる。ひとつは専門用語（前章で触れたように〔六八頁〕、自分の話すフランス語や英語のあちこちにアラビア語の単語をちりばめる）。もうひとつは、唱句や預言者の言行録《ハディース》の文章をせいぜいひとつか二つ、何の脈絡もなく唐突に断言することである（たとえば、かの名高い「ユダヤ教徒やキリスト教徒を味方につけるな、彼らは相互に支えあっている」〔クルアーン第五章「食卓」五十一節〕）。彼らは、短い文言を投げつけあい（中国の紅衛兵が毛沢東語録をふりかざしていたように）、けっして他の文書に依拠しないし、よりグローバルな意味をもつ論理をさがしもとめようとはなおさらしない。知識の面で他の過激派との相違を主張する者でさえ、呪文的論理にはまりこんでいる。セドリックという名のフランス人改宗者の場合がそうだ。法廷で彼はこう主張した。「私はキーボードのジハーディストではなく、ユーチューブをみて改宗したわけではありません。学識者の書、ほんものの書を読んでいます」（ところが彼はアラビア語が読めず、仲間のネットワークを知ったのはインターネットをつうじてだった）。そしてさらにつけ加える。「カリフ制国家、私はそれが真実であるという証拠をもっています。逃げも隠れもしません、私の望みはそこに行くことだけです」[3]。

過激派はサラフィー主義者ほど宗教を口にしない。彼らがネットに投稿するショートメッセージや文章は、宗教よりも行動が中心をなしている。宗教文書の流布は、アルカーイダでは二次的なもの、ダーイシュにあってはプロパガンダ、過激派にあっては呪文である。それらはとくにインターネット上で読まれている。アウラキーは英語で話すので、非常に人気がある。

そういうわけで、サラフィー主義の問題に立ち戻る前に、ジハーディストの空想の世界について論じておかなければならない。

苦しむムスリム社会のために復讐する英雄

いちばんてっとりばやいのは、おそらくテロリストたちの言うことに耳をかたむけることだ

（3） *Nouvel Obs*, 26 avril 2016.

ろう。彼らはみな同じことを言う。二〇〇五年七月七日のロンドン同時爆破テロを指揮したモハメド・サディク・カーンの死後に発見された宣言にそれが要約されている。(4) 第一の動機としてあげられているのは、「イスラーム人民」(原文では「世界中のわれらが人民」)に対してなされた欧米諸国の残虐行為だ。第二は、戦士として任じられた復讐をはたす英雄の役割(「われはイスラームの兄弟姉妹を守り、その恨みをはらす責任を直接負っている」、「おまえたちはいまこの状況の現実を身をもって知るがいい」と語っている)。第三は死であり(「おまえたちが生を愛するように、われわれは死を愛する」)、そして天国への到達である(「預言者、その伝道者、殉教者たちと同じように、われらが崇める人びとの高みにわれを導きたまえ」など)。

この発想はいろいろなかたちをとり、クアシ兄弟〔シャルリー・エブド襲撃の実行犯〕にもみることができる(「われわれは預言者の仇をとった」)。また、クリバリ〔二〇一五年一月の攻撃」の実行犯〕は「今度はおまえたちが恐怖を味わう番だ」と犠牲者に宣告した。同じように、ダーイシュの死刑執行人は犠牲者たちに、米軍のグアンタナモ湾収容キャンプに収監されたテロリストたちと同じ囚人服を着せたり、「ムスリムの」犠牲者と同じ死(火刑や爆死)を科したりした。死の願望、死の選択という発想もまたくり返しあらわれる（「ミディ＝ピレネー連続銃撃犯」モハメド・メラーも「おまえたちが生を愛するように、私は死を愛する」をくり返した）。母親に宛てた最後のメッセージには、つねに天国が語られていて、そこには贖罪と取り成しとが混在している（死は戦士の罪を消し去り、イスラームを忘れてしまっているようにみえる家族のメンバーのために、彼は取り成しの役をはたすことができる）。

共同体《ウンマ》の仇をとる

どこのイスラーム共同体《ウンマ》（「世界じゅう」というが）の仇をとりたいのか、特定されたことはほとんどなかった。それは歴史もなければ、空間もない要素である。彼らは、アルジェリア戦争におけるフランスのパラシュート部隊よりも、むしろ「十字軍」を引きあいにだす。たとえば、二〇一六年七月一日、ダッカで欧米人（とくにイタリア人）を殺害したバングラデシュ人の行為である。彼らは二十二人の「十字軍兵士」を殺害したと豪語したが、も

（4）«London Bomber: Text in Full», News.BBC.co.uk, 1er septembre 2005.

ちろん、歴史上バングラデシュとイタリアとのあいだに植民地紛争は存在しなかった。個々の戦いは千年来の戦いの象徴であり、最後の決戦においてのみ終結するのだ。パレスティナ、チェチェン、中国、ボスニア、イラクがいっしょくたに標的になる。ネット上にアップされた残虐なシーンの写真は、ありとあらゆる戦闘現場のものが使用されていて、ほとんどに日付がなく、相互に入れ替え可能で、ときには無関係なキャプションがつけられている（フランス側についたアルジェリア兵士のアルジェリア民族解放戦線による殺害が、フランス人による行為にされているなど）。ネット上には、世界じゅうの虐げられたイスラーム共同体《ウンマ》の「パノラマ的」ヴィジョンを要約するような動画があふれている（たとえば「ウンマよ目覚めよ（Wake Up Ummah）」と題された動画投稿サイトのチャンネル）。

過激派が植民地時代に明瞭に立脚していることはまずない。自分たちの前にあった政治的、宗教的な運動については否定的、あるいは無知だからだ。彼らは自分たちの父親の戦いを引き継いでいない。父親はまさに敗北したのであり、結局のところ預言者の時代の高みに到達できるのは、自分たち若者だけだと考えているからである。すでに指摘したように、親の出身国に戻ってジハードをおこなうような者はほとんどいない。植民地時代の記憶を継承していれば、出身国に戻るであろうが。改宗者にとっては、どんなムスリムの共同体との関係も「ヴァーチャル」なものであるのは明らかだ。彼らの関心の対象はグローバルなイスラームであり、あれこれの紛争ではない。ジハーディストたちは、ムスリムにせよ改宗者にせよ、私の知るかぎり、パレスティナ支援運動や嫌イスラーム（イスラームフォビア）に抗する戦いに加わったことのある者はひとりもいないし、イスラームのためのNGOにかかわった者さえいない。(5) 彼らを生みだしたのは、挫折した闘争ではない（一九六八年の新左翼はこれとは異なり、その多くはアルジェリア戦争に反対して戦った旧共産党員だった）。イスラーム過激派の若者たちが読んでいるもの、つまりネット上に流布している英語やフランス語のテクスト（アブー・ムサブ・ア

（5）二〇一五年十二月、フランスとベルギーのジハーディスト集団の裁判がパリでおこなわれた。すべての被告が人道的活動のためにシリアへ行ったと供述したが、裁判の過程で明らかになったのは、彼らのうち誰ひとりとして赤十字などのNGOに属してはいなかったことである（«Procès d'une filière djihadiste vers la Syrie: "Sur place, je passe du mythe à l'horrible réalité"», Metronews.fr, 4 décembre 2015）。

ル＝スーリ〔シリアのジハード主義の理論家〕のアラビア語の著作ではない、こちらのほうはヨーロッパでは誰も読んでいない）に目をとおせば、それはすぐに分かる。たとえば、アンワル・アウラキーが書いた「ジハードを支援するための四十四の方法」だ。このテクストは「ムスリム」を「ローマ人」に対峙させ、預言者ムハンマドの言行録《ハディース》について自慢げに語りながらも、チェチェンの戦闘で負傷した独立派の指揮官イブン・アル＝ハッターブについては申しわけていどにしか触れていない。要するに、歴史的文脈が不在なのだ。預言者の時代につねに依拠することによって、ゼロ地点に立って歴史を排除することができるのである（これはほとんどの原理主義者に共通する特徴だ。原理にたちもどることで、歴史から教訓をひきださずにすむ）。

ジハーディストたちは現代の具体的な戦いも無視している。もっとも明白なケースはパレスティナである。パレスティナとガザの名は、ウンマの苦しみを語る例の長々しい声明のなかに始終でてくるが、彼らはパレスティナの戦いに対する具体的な支援はまったくおこなっていない。アルカーイダもダーイシュもユダヤ人を標的にした攻撃をおこなうが、イスラエル人は狙わない（ユダヤ人は、ウンマに対する陰謀の一翼を担うとみなされている）。ガザ自由艦隊

（国際NGO「フリー・ガザ」を中心とするガザ地区への人道支援船派遣活動）に加わったのちにジハーディストやテロリストになった者はひとりもいない。ムスリムを救うためにシリアに来たと主張する欧米のジハーディストたちは、ムスリム同士の武力抗争の前線で戦っている。彼らはヤルムーク難民キャンプのハマースやダマスカス北部のヒズボッラー（レバノンのイスラーム主義政治組織）と戦い、「十字軍兵士」ではなくシーア派ムスリムを殺害し、ムスリム世界をイラン中心のシーア派とリーダーを欠くスンナ派連合とに分断する、新しい市民戦争の真っただなかにいる。端的にいえば、ジハーディストたちの想像の世界は、中東情勢の現代史とはまったくかけ離れているのである。彼らが殺害しているのは、「十字軍」というよりは「異端者」、つまりイスラエルへの敵対心や欧米の帝国主義に対する憎しみを共有しているはずの、親イラクのシーア派の人たちなのである（これはビュルガ（一二三頁参照）が説明しえない現象だ。誤解のせいにするか、マルクス主義的な意味での疎外をもちだせば別だが）。

こうした時代感覚のなさは、空間に関してもみられる。彼らがおこなっているのは放浪のジハーディズムであり、ジハードが存在する場所にでかけていくが、自分たちが戦っている国に同化する気はまったくない（唯一の例外はリオネル・デュモン〔ルーベ団メンバー。ボスニア・ヘルツェゴビナ紛争に参加〕だ。彼はボスニアに渡り、現地の女性と結婚し、紛争終結後もこの地にとどまったが、それはサラフィー主義者の小集団内のことだ）。ジハーディストたちの地理には二重の意味がある。彼らは欧米を発つのだが（その戦闘員名は現実の地名にちなむ。「アル・ファランサウィ〔フランス〕」、「アル・ベルギーキ〔ベルギー〕」、「アル・アレマーニ〔ドイツ〕」、「アル・ブリタニ〔英国〕」など。ただしスペイン人とポルトガル人は「アル・アンダルーシ」を名乗る）、目的地はシリアではなく、現代の国境線を無視した「シャーム〔大シリア〕」（シリアの歴史的呼称）である（ダーイシュは、一九一六年サイクス・ピコ協定〔オスマン帝国分割に関して英仏露のあいだで結ばれた〕によって引かれた国境を「消し去る」戦闘員の写真をネットにアップしている）。要するに、現実の世界から出発して、空想の世界にでかけていくのだ。彼らの偶像破壊行為は、その土地の文化に対する無関心をうきぼりにしている。

　空間の抽象化は、さほど戦闘的でない行為にもあらわれる。「ヒジュラ」、つまり私が「イスラーム化された空間(6)」と呼ぶ場所への移動がその一例だ。それは、真にムスリム的な環境に生きることのできる場所で、特定の国だったり、社会に抵抗している地域だったり、反社会的な地域、あるいはヒッピーやカルト集団の隠れ家のような場所だったりする。「イスラーム国家」の樹立宣言は、したがって多くの人びと、とくに小規模な家族を惹きつけたが、この人びとはジハードのためではなく、真のイスラームと信じることのできる法のもとで生きるために移住してきたのだった。

こうしたグローバルなヴィジョンは敵にも敷衍される。無実の人間は存在しえない。欧米人は自分たちの政府の行為に責任を負っているし、反逆しないムスリムは裏切り者なので、無差別テロから逃れられないのは当然なのだ。ある特定の国に対する個々の攻撃について戦術的理由をさぐってもほとんど無駄だろう。たとえばイタリアもスペインも〔二〇〇三年に始まるイラク戦争で〕アメリカのイラク攻撃に歩調を合わせたのに、なぜ二〇〇四年にスペインだけが襲撃されたのか

(6) Olivier Roy, *L'Islam mondialisé, op.cit.*, p.170. このなかで私は、イデオロギーにもとづく領土化の様式がグローバル化したイスラームと矛盾するどころか、その表現であることをしめした。ダーイシュとすべてのローカルなイスラーム首長国は、私の説を裏づける格好の事例である。

〔マドリード列車爆破テロ事件〕？　むしろことは条件が整っているかどうかで決まる。人員が確保できる場所で行動をおこすのである（そこで問題になるのは、テロ活動におけるフランス語圏に属する人たちの数の多さだ）。

とはいえ、防衛に関する言説には変化がみてとれる。ダーイシュの機関誌は二〇一五年から、不信心はそれだけで抹殺されるのに十分な根拠になると主張しはじめた。もはやウンマの防衛にとどまらず、世界の終焉を加速させるための地球規模の布教が目標なのだ。これは終末論《アポカリプス》というテーマに繋がる問題だが、これについてはのちに再び触れることにしよう。

英雄、そして暴力の美学

個々のテロリストはつねに屈辱をうけ、虐げられた「復讐者」であり、孤独な英雄という立ち位置にある。集団による行動においてさえ、こうした個別化がなされる。たとえば、突撃隊の先頭にたって自爆する勇者は絶賛される。死亡したテロリストに対する追悼は賛辞に満ちあふれ、殉教者の遺体そのものが常人の最期より高みにおかれる。骸《むくろ》は美しく、香気を放っている、あるいは爆死の瞬間に至高の存在になる。

けれど、テロリストたちの驚くべき自己陶酔と、死との「脱現実化」したかかわり方には衝撃を禁じえない。彼らは死の前、死の瞬間、死後を演出する（死後にアップされる動画をもちいて）。ポーズをとった写真をフェイスブックに投稿する。サラー・アブデスラムは二〇一五年十一月十三日のテロの三週間前、ダーイシュの旗をかかげて胸をはった姿をフェイスブックに載せていた（テロリストたちが普通の生活をするのはタキーヤ――信仰隠し――のためだとする説が通用しないという証拠のひとつだ）。アメディ・クリバリは、ポルト・ド・ヴァンセンヌのユダヤ食品店イペール・カシェールの客を人質にしながら、テレビ局に呼びかけていた。オマー・マティーン〔オーランド銃乱射事件〕はオーランドで人びとに向けて発砲しながら自撮り写真を投稿した。アブデルハミド・アバウド〔パリ同時多発テロ事件〕はシリアで敵の死体を引きずる姿を写真に撮らせた。ラロッシ・アバッラ〔マニャンヴィル警官刺殺事件〕は殺害した警察官の家のなかでフェイスブックに犯行声明を投稿し、アデル・ケルミシュ〔サン＝テティエンヌ＝デュ＝ルヴレ教会テロ事件〕はアメル神父殺害の映像をリアルタイムで送ってやると友人たちに告げていた。

物語の構築《ナラティヴ・コンストラクション》は、映画やビデオゲームのスーパーヒーロー像を巧くつかっている。とくに英雄になるべく運命づけられていなかった者が英雄になるというのが、お決まりのストーリーだ。空虚な生活、または平々凡々たる生活をおくっていた人物が、ふいに呼び声（宗教的な意味での呼び声《コール》、天からの突然の声。人気の戦争シューティング・ゲーム「コール オブ デューティ」をもとにしている）をきき、オールマイティのほとんど超人的な存在に変身する。こうして彼は気力のうせた苦悩するウンマを救済し、しかもすべてにわたる権限を手にする。生殺与奪の権、そして性的権限（性的魅惑は、もちろんテロリストよりもジハーディストに対して有効だ）。

物語の構築は二つの側面からなる。まず、イスラームの想像の世界、初期の信者の共同体（殉教や性的奴隷を有する権利）、砂漠や都市の征服、そしてグローバルでヴァーチャルな共同体を具現化したカリフ制国家への依拠である。ダーイシュの機関誌はクルアーンや預言者の言行録《ハディース》からの引用や、法学者たちによる解説で埋めつくされているが、ここでもまた歴史的背景をぬきにして、カリフ制国家の到来、世界の終焉、勝利の予兆を告げたり、または組織による暴力を正当性したりしている。

だがもういっぽうでは、この壮大な物語はまた、きわめて現代的なヒロイズムと暴力の美学の範疇である。動画におけるモンタージュの各種テクニック（超高速のリズム、映像のつらなり、ナレーション、劇的なスローモーション、今ふうの悲壮な音楽、さまざまな異なる場面のコラージュ、敵の顔に照準器の円をかぶせた映像）は、プロモーションビデオやテレビのリアリティ番組を手本にしている。(7) 暴力は演出され、シナリオ化され、きわめて手のこんだ動画となる。処刑の多くは撮影の前にリハーサルがおこなわれるので、捕虜がときに無気力にみえるのだろう。こうした「蛮行」は古い時代のものではない。ピエル・パオロ・パゾリーニ監督が『ソドムの市』（一九七五年）で映画化したような、「サド」的な方法をとりこんでいる。強力な小集団が、かぎられた空間のなかで、イデオロギーによって結束し、生活においても性においてもあらゆる権限を有している。けれど、その強大な権力は二つの側面からなっている。集団の法と演出である。何人も自分だけで自己の願望を満たしてはならず、何人も好き勝手に強

（7）こうした事例にはことかかないが、一例として、〔パリ同時多発テロ事件のさい〕アブデルハミド・アバウドとビラール・ハドフィの「遺書」はネットで拡散された。

姦してはならない。強姦は演出されなければならず、集団のものなのである。この映画『ソドムの市』のように、ダーイシュの領土内では、性的奴隷をみせつけ、交換し、「婚姻関係」とは似ても似つかない性行為の形態を強い、拷問し、そして殺害する。だが、視界からはずれたところや、端っこで行動する者は法をおかしたとみなされ、つぎにその人物が処刑される。シャリーア（イスラーム法）は、もはや法律の体系ではなくなり、カルトと化した集団の規則の隠喩《メタファー》なのだ。

暴力はまた、男性の女性に対する絶対的優位をみせつけるためのもので、大量殺人をおかした者の多く（イスラーム主義者とはかぎらない）がそれ以前にドメスティックバイオレンスに手を染めていたことも偶然ではない。その目的もまた女性をあるべき位置にとどめる（戻す）ことである。暴力とは規範を強要し、相手の身体にそれを刻みつける方法のひとつなのだ。(8)

暴力の美学については、コロンビアの麻薬カルテルを題材にしたドラマ『ナルコス』をみればことたりる。ダーイシュよりずっと前の時代の斬首や拷問のシーンがでてくる。そこにみるのは同じ筋書きで、受刑者は跪き、覆面をした執行人が尋問し、判決を読みあげ、ゆっくりと喉を切り、ときには四肢を切断する。そしてかならずひとつのメッセージがあり、「訓戒」(9)がある。罪状は語りのなかで言及され、ときには脚注がつけられている（預言者の言行録《ハディース》やクルアーンからの引用）。機関誌『ダービク』と『ダール・アル・イスラーム』のテクストは、暴力を叙述し、正当化するものとして構成されている。まるで、犯罪とは語られてはじめて完成するとでもいうように（じつにサディスティックだ）。

二〇一二年以降、ジハードの志願者数がふいに増大した理由は、おそらくこうした暴力の美化にあるのだろう（フェイスブックには次々に大量の「いいね！」がついた）。というのも、アルカーイダは、ダーイシュのようなサド調や「血しぶき」を得意技にはしていなかったからだ。写真や動画を観察してみれば分かる。ダーイシュは文字通り新しいゲーム「空間」をさり

（8） Amanda Taub, «Control and Fear: What Mass Killings and Domestic Violence Have in Common», *The New York Times*, 15 juin 2016.

（9） こうした演出の共通性は、すでにイラクのアルカーイダにみることができる。アルカーイダは、イタリアの政治家アルド・モーロを暗殺した「赤い旅団」の演出手法を、彼らほど血なまぐさくはないが、とりこんでいた。

ひらいた。広大な砂漠で四輪駆動車に乗り込み、武器をかざし、髪と旗を風になびかせ、ニンジャを模したような軍服で兄弟の絆をひけらかす。郊外の落ちこぼれが美青年に変身し、たくさんの若い女性がフェイスブックでその姿にうっとりする。ビデオゲームが広大なゲームの領域でひとつの叙事詩となる。「ここでは、われわれはもはや組織ではなく、アルカーイダでも、ゲリラでもなく、逃げも隠れもしない。われわれは国家だ」。二〇一四年五月、マクシム・オシャール〔人質の斬首に関与〕はそう書いている。[10]

再度くり返すが、ダーイシュはふたつの空想の世界が交叉するところに位置している。ひとつは昔ながらの宗教的空想（カリフ制国家）、もうひとつはある種の若者文化のなかで際立っていて、イスラームとは無関係な文脈から表出しているもの（若者のあいだで人気の高い犯罪映画『スカーフェイス』にでてくるようなストリートギャングや強盗、さらにはアメリカではコロンバイン高校銃乱射事件を模した暴力行為）。いまやジハーディストの妻の立場は、一九三〇年代アメリカのギャング団のリーダー、クライド・バロウのパートナーだったボニー・パーカーと似たようなものであり、男性中心で暴力的な文化のなかでチャドル〔全身を覆う布〕をまとってはいるが、銃を握りしめてけっして屈服しないのだ。マルセイユ出身のテロリストがきわめて少ないのは、おそらくこの土地ではカラシニコフ銃を手にすれば国境を越えずともスーパーヒーローになれるからではないだろうか*……。

自分は「前衛」の一員だという例の考え方には、宗教的な支えがある。アンワル・アウラキーにとって前衛とは部族集団（ターイファ）だった。(11) 彼は部族集団という語を復権させたが、となると、ウンマは分裂していて、あらゆる集団のなかで真のムスリムで構成されているのはたったひとつだということになり、それは必然的に少数派だ。この表現は七十三の派（フィルカ）についての名高い言行録《ハディース》にみることができる――「私の共同体は七十三のフィルカに分かれているが、そのうちのひとつを除いて、すべて地獄に落ちる」。善行だけで救われるとおも

（10） Simon Piel, «À Bosc-Roger, dans le sillage de Maxime Hauchard, bourreau présumé de l'EI», LeMonde.fr, 18 décembre 2014.
（11） Anwar al-Awlaki, «44 voies pour supporter le djihad», art. cité.
＊訳注　マルセイユでは近年ドラッグ市場が拡大し、若い売人同士がカラシニコフで殺しあう事件が多発しているという。

うな、救われるのは信者のごく一部にすぎないという、少々カルヴァン主義的なこのハディースは、過激派のあいだで人気があるが、過激派と、過激派が主張するウンマの仇討ちとのあいだには矛盾があることをうきぼりにする。過激派にとって、ウンマは自分たちが命をかけるだけの高みに達していないのだ。救済とは命を捧げることであり、預言者自身さえすでに信じていたとはおもえないような公正なイスラーム社会の建設ではないのである。過激派が大好きなイスラーム声楽曲《ナシード》『グラバー（奇妙な者たち）』の歌詞は、家族や共同体との絆をことごとく断ち切り、ジハードのみに身を捧げる「地上の奇妙な者」すべてを賞賛する[12]。この主題はダーイシュのテクストのなかにくり返しでてくる。

『ダービク』第三号には、つぎのような記述がみられる。

イブン・マスード（初期の改宗者）いわく、預言者はこう言った。「じつのところ、イスラームは何か奇妙なものとして始まり、そして、当初と同じように再び奇妙なものになるだろう。それは奇妙な人たちにとってすばらしい瞬間となるだろう」。誰かが訊ねた。「奇妙な人とは誰のことですか？」彼は答えた。「自分の部族と決別した人たちだ」（指導者《イマーム》アフマド、アド・ダリミ、イブン・マジャー（いずれもハディース解釈の権威）が、信頼に足る口承のネットワーク「真の語り手」をつうじて伝えたこと[13]）。

死と終末論的ニヒリズム　死は、すでに指摘したように、テロリストとジハーディストの個人的目的のまさに中心をなしている。おかしなことに、「イスラーム国」のこうした擁護者たちは、けっしてシャリーア（イスラーム法）を口にしないばかりか、ダーイシュの指揮のもとで建設されるというイスラーム社会についてもほとんど語らない。典型的なこととして、「ただ本当のイスラーム社会に行きたかっただけ」という論拠をもちだすのは、どんな暴力行為をも拒否する「転向者」（普通の社会に戻ることを望む者）なのだ。まるで、ジハードをなしとげたいと望むことと、イスラームにしたがって生きることとは、本質的に相容れないかのようで

（12）«Ghoraba», YouTube.com.
（13）*Dabiq*, n° 3.

はないか。ある意味ではそうだろう。ジハーディストたちは「イスラーム国家」の権威のもとにおかれるのを拒否しているのではまったくない。ただ、イスラーム社会への移住だけを望む人たちと異なり、そこで生活することには関心がないのだ。過激派は生きるためではなく死ぬためにやってくる。それこそパラドックスだ。これら若い過激派はユートピア主義者ではなく、終末論者であるがゆえにニヒリストである。(14) 明日は至高の今夜に断じておよばないのだ。それは「未来なき」世代である。過激派の誰ひとりとして、ジハードの国において具体的な社会生活に加わっていない。医師や看護師はひとりもいないし、「国境なき医師団」に参加している者もいない。逆に、死は、罪にまみれた自分たちの生活を消し去ってくれる。宗教的実践など、彼らにとって何ら本質的な問題でないのはこのためである。死はあらゆる違反を帳消しにする。ニヒリズム（すべての過激派が生の空虚さを強調している）は彼らの神秘主義（神のもとに行くこと）の一部をなしている。

おまけに、死を自分たちの行程の終着点とすることで、きわめて多くの者が仲介者としての自分たちの役割を強調する。自分たちの犠牲のおかげで両親（とくに母親）は、不信心であっても救われるのだ。アブデルハミド・アバウドとビラール・ハドフィ〔パリ同時多発テロ事件〕は、ふたりとも死の前に両親に対してイスラームに回帰するよう呼びかけた。アバウドは言った（または、言伝てをたのんだ）、「父母よ、アッラーを畏れ、悔悛し、ヒジュラ〔移住〕をおこない、アッラーへと向かう道で戦ってほしい」。同じ考え方は〔同テロ実行犯のひとり〕アブー・ライヤンの遺書（署名は本名のオマール・イブン・ムハンマド・モストファアイ）にもみることができる[15]。この問題にはじめて言及したのは、おそらく改宗したフランス人ダヴィド・ヴァラだろう。彼はケルカルの友人で、一九九五年、自分が犠牲になることで「母親が天国に行ける」と考えたと書いている[16]。宗教の真理を手にした息子は、両親の救済者であり、息子の取りなしでこんどは親たちが生まれ変わる（born again）。世代間の関係は逆転する。息子は死ぬ

（14） ジハーディストの「ニヒリズム」についての深い分析は、エレーヌ・ルイイエの著作（Hélène L'Heuillet, *Aux sources du terrorisme*, Paris, Fayard, 2009）、およびこの著作をめぐって市民クラブが組織した夕べにおける彼女の講演（二〇一五年十一月二〇日）にみいだすことができる。

（15） これらすべての例は *Dar al-Islam*, n°8 に基づいている。

（16） David Vallat, *Terreur de jeunesse*, *op. cit.*, p.100.

ことで親に（新しい）命をあたえる。大人のステイタスに達するには、死なければならないのだ。

死の希求は、したがって、世の終わりの予見とむすびついている。「歌う明日」など信じられず、自分自身にとって、そして人類全体にとっても、予見可能なものは戦争と死と最後の審判だけなのである。

終末論的な言説　終末論的な言説は中心をなすとともに、目新しいものでもある。終末論はダーイシュによって一挙に前面におしだされた。そうした発想は従来、欧米の過激派のあいだにはほとんど存在しなかったし、二〇一五年以前に過激化した人たちにもみられなかった。ダーイシュの英語版機関誌のタイトル「ダービク」は、言行録《ハディース》によれば「ローマ人」と「ムスリム」との最終的な決戦地とされるシリア北部の町の名にちなむものである。ダービクはキリスト教のハルマゲドン（イスラエル北部の都市メギドのギリシア語バージョン）に相当する。数々の自然災害や、ムスリムたちの紛争や、偽メシア（イスラームではダッジャール）の出現がつづき、イエスに敗北して世界は終焉を迎える。アメリカのプロテスタント＝福音派の多くと同様、ダーイシュの人たちは世界の終末が迫っていると信じ、その兆候を待ちかまえている[17]。たとえば、ダーイシュのフランス語版機関誌『ダール・アル・イスラーム』第五号には、「奴隷制を早急に復活する」と題した論文が掲載されていて、クルド人女性を性奴隷におとしめることを正当化している。けれどさらに驚くべきは、歴史の過程でいったん廃止された奴隷制への回帰が、初期のイスラームで容認されていた行為の復権としてではなく、終末が迫っていることの証明としてしめされていることだ。預言者の時代に戻るということは、人間の時間それ自体を消し去ることにほかならないからである[18]。

---

(17) こうした終末論的なヴィジョンはダーイシュに固有のものではない。参考になる著作として Jean-Pierre Filiu, *L'Apocalypse dans l'islam*, Paris, Fayard, 2008 がある。また Muhammad al-Areefi, *La Fin du monde, Les signes de l'Heure, mineurs et majeurs* は、サウディアラビアのきわめて信頼できる出版社 Darussalam が十箇国余の言語に翻訳している。

(18) ここで引きあいに出したハディース、つまり女奴隷が自分の女主人になる娘を産むことを終末の徴とみなすことは、アル・アレーフィ〔サラフィー主義の学者、原注17参照〕も示唆しているが、解釈は異なっている。実際、アル・アレーフィは、奴隷制の復活が終末の到来に必要だという結論はくだしていないここにひとつのパラドックスがあるようだ。カリフ制国家への回帰を主張するダーイシュの勝ち誇った宣言が、まもなく終末がおとずれるという根本的に悲観的なヴィジョンとどのように折りあうのだろうか？　まず、終末とは、究極において神とひと握りの「聖人」が勝利し、彼らだけが生き残り救われることを意味する。けれどその場合、いまが最後の決戦の前夜だとすれば、終末の予兆は否定的なものばかり（死、病気、背教、異端、個人主義、自然の大災害、戦争など）なのに、イスラーム国家樹立に時間を費やして何になるのだろう。終末を前にした時代は平和や正義ではなく、戦争状態なので、ダーイシュの性格そのものが戦争である。戦争は手段ではなく目的だ。これは、ジハーディストにおける死の位置と一致している。つまり、終末が迫りつつあるとき、なぜイスラーム社会を管理するのに時間を費やすのか、というものだ。個人の死が大量虐殺をともなうならば、大団円を待ちながら小規模の終末を演出できるではないか、と。

ダーイシュの終末論にはたしかに明白な矛盾がある。ダーイシュは預言者とその直接の継承者たちによる最初の共同体を「リメイク」しようとしているのだが、新しい預言者の出現はありえない。必然的な結果として、ジャーヒリーヤ（イスラーム以前）、つまり天啓以前の時代の無知に回帰することになる。サイイド・クトゥブが大胆にして悲観的な深い分析で語っていたような、イスラーム社会の無明の時代への退行である。かりに預言者の時代に戻ったとしても、預言者は現れないのだから（神学的観点では、最後の預言者であるムハンマド以降の預言者は存在しえない）、終末はかならずやってくる。預言者の社会よりすぐれた社会がおとずれることはありえないからだ。

戦争をして完璧な勝利をおさめ、その直後に偽メシア（アンチキリスト）が出現するという見通し以外は存在しない。ダーイシュの勝利は、アンチキリストの到来、つまりイスラームであろうとなかろうと、すべての人間社会の終焉を告げるものなのだ。そこにあるのはユートピアの理念（死を賭してもすばらしい社会を創出しようという）ではなく、ニヒリズムにほかならない。死によってのみ天国にみちびかれるからだ。終末はかならずやってきて、人間が創造

（しかも、フランス語版では翻訳者が「奴隷」という語の代わりに「召使」の語を用いている）。

したものをすべて消し去るので、正義のイスラーム社会を建設するよりも、その予兆を待ちかまえ、みずから命を絶つのだ。

世界の終焉は、若い過激派がたどった個人的ニヒリズムの軌跡を集団の運命に変えるのだから、彼らは何の支障もなくこの終末論的ヴィジョンをうけいれる。彼らは今後おこるべきことを先取りしているだけであり、シリアのダービクで究極の決戦がはじまる前に命を捧げる前衛なのである。[19] 自殺はしたがって救世的行為であり、それによって預言者の高みに達する。前に触れたサディク・カーン〔九六頁参照〕が死後に遺したメッセージで述べているとおりだ(「神よ、預言者や伝道者や殉教者たちのような、私のあがめる人びとの高みにいたらせたまえ」)。

過激派の宗教——サラフィー主義の問題

ジハーディストがムスリムの真髄を体現しているにせよ、その退廃を具現しているにせよ、正統派ムスリムとは何かを定義しようとしても無駄だろう。というより、それは当のムスリムたちがおこなうことであって、「イスラーム研究者」や世論がとやかく言う問題ではない。その判断をするのは信者であり、宗教書の世俗的解釈ではない。問題は、「クルアーンが本当は何と言っているのか」ではなく、「クルアーンに書かれていることについてムスリムは何と言っているのか」である。

といっても、イスラームが四分五裂している今日の情況においては、ジハーディストやダーイシュの宗教的要求を見定めることが重要であることにはかわりない。セキュリティの面だけでなく、防衛の面でも現実の問題がつきつけられているからだ。

端的に言おう。すべてのサラフィー主義者がテロリストではないとしても、テロリストはすべてサラフィー主義者だと言えるだろうか？　もしそうだとすれば、サラフィー主義はテロリズムの培地であり通過点であるということになる。つぎの二つの重大な責任からサラフィー主義を除外しようというわけではない。ひとつは（キリスト教やユダヤ教の原理主義者について

(19)　ジハードのリクルーターで、アル＝ヌスラ戦線（シリアを中心に活動するサラフィー主義武装組織）と連携しているムラド・ファレスは、「マフディー〔アッバース朝第三代カリフ〕とカリフ帝国（Al-Mahdi et le second Khilafah）」と題した動画をインターネットに載せて、たいへんな人気を集めた。

も同様だが）、世俗社会との「断絶」、さらにいまやヨーロッパで共有されているとみなされる諸価値（性的マイノリティの権利、個人の自由の優先、伝統的家族が出生の唯一の場ではないこと、表現の自由の擁護など）の拒絶[20]。

もうひとつの責任は倫理上のもので、サラフィー主義に固有の問題だ。サラフィー主義者、もしくはサラフィー主義とみなされる説教者たちは、テロリストは自分たちの教区の出身者ではないとうけあっているが（これは統計的には事実だ）、彼らが強調するテーマのいくつかとダーイシュの考え方とがきわめて近いことは、両者の繋がりを暗示している。一例をあげよう。一九九〇年代末にフランスの若いサラフィー主義者のあいだでよく知られていた本は『ムスリムの道』で、その著者アブー・バクル・アル・ジャザイリはアルジェリア出身のサラフィー主義法学博士、一九五〇年代からサウディアラビアのマディーナに住んでいた。この著作は、パリ十一区のジャン＝ピエール・タンボー街〔ムスリムが多く住む〕の書店のショーウィンドーで、ユースフ・アル＝カラダーウィー〔エジプト出身の法学者〕著『合法と違法』――リベラルすぎるとみなされた――を、人気の面でうわまわっていった。けれど『ムスリムの道』は、歴史的背景にはかかわりなくイスラームのもとでの奴隷の処遇について一章を割いていた。私は二十年ほど前にこの本を読んだとき、パリの「恵まれない地域」で生まれ育ったムスリム二世の若者たちにとって、奴隷制にどんな意味があるのだろうかと考え込んだ。ところが、ひとつの答えをみいだした者もいた――シリアのカリフ制国家のなかに。もちろん、奴隷の制度化は長期的にみれば容認しがたいが、死が迫り、終末がおとずれようとしているのだから、どうでもよいではないか。

ダーイシュに参加する若者たちは、カリフ制国家と宗教路線を同じくしているのだろうか？一見、そうでないようにみえる。私たちが調査した人たちの大部分は、過去においてむしろアルカーイダとかかわっていたからである。けれど、いまやダーイシュは、少なくとも一定の期間、イスラームの名における反逆の領域を支配しており、ダーイシュが強調する宗教的枠組みは明確なインパクトをあたえている。とはいえ、ダーイシュとその若い新参兵たちとはあくま

(20) Olivier Roy, «Pour des sociétés ouvertes», art. cité; *id.*, «Rethinking the Place of Religion in European Secularized Societies : The Need for More Open Societies» (conclusions du projet de recherche «Religio West»), EUI.eu, mars 2016.

でも区別すべきであり、再度くり返すが書かれたものの文面ばかりにこだわらず、具体的情況を重視すべきだろう。つまり、テロリストたちはどんな生活をし、どんな宗教的規範を主張しているのかということだ。

実際、明白に異なるアプローチが存在する。欧米の過激派は宗教についてごくわずかな知識しかもっていないし、規範に則した行動には執着していない。それはシリアにやってきた若者の様子からもうかがえる。彼らは規律になかなか馴染めない、宗教的規律でさえもだ[21]。いっぽう、ダーイシュは学問的言説を前面に出す。その詭弁はみえみえだが（規範や論理の見かけ上の正当性は保たれている）。では、ダーイシュの教義とは何だろうか？

ダーイシュはサラフィー主義か？　イスラーム研究者たちは一般的に、ジハーディズムやタクフィリズム〔不信仰者は暴力で制裁すべきとする考え方〕を否定し、政治とは距離をおく「科学的」サラフィー主義と、アルカーイダやジハーディストや若い過激派のサラフィー主義とは別物だと考えるようになっている。長いあいだ私もこの理論に同調してきたが、いまや若干の疑問を抱いている。ダーイシユのイスラームとサラフィー主義とのあいだには、やはり共通の土台がある。シャリーア（イスラーム法）が定める刑罰の厳格な遵守、預言者の時代の実践への回帰、終末の待機、「啓典の民」〔キリスト教徒やユダヤ教徒〕をも含む不信仰者との協力関係の拒否、キリスト教徒を「ズィンミー」（庇護民）[22]のステイタスにおく、シーア派や異端者や背教者に対する憎悪。けれど、ジハードだけにかかわる問題とは別のところに、私は大きな相違をみている。

たとえば、女性や性道徳に関するダーイシュの考え方は、サラフィー主義とは異なる。逆説的だが、ダーイシュは、女性のあるていどの自律性や、道徳に反するかたちでの「現代的」性関係をとりこんでいる。女性はマフラム（男性の親族）の付き添いがあるか否かを問わず、ヒジュラ（移住）をしなければならない。

---

(21) シリアで人質として十一ヵ月間（二〇一三年六月〜一四年四月）過ごしたフランス人ジャーナリスト、ディディエ・フランソワによる（Selon Didier François, «Club de la presse», Europe 1, 4 décembre 2015）。

(22) ムスリム国家では、他の天啓宗教の信者はシャリーアの定める権利と義務にしたがうこととひきかえに保護される。

ヒジュラをしたいとおもう女性が最初にぶつかる障害、それは家族である。だが、何たる家族か想像してほしい！　大部分の場合、家族は世俗のムスリム出身で、彼らはヒジュラという考えをほのめかすだけで、頭蓋骨を岩にたたきつけでもするかのようにおもってしまう。清い姉妹たちの名誉を傷つける、これら冷酷な心に対して、私は声を大にして言いたい。無信仰の地にいる女性にとって、男性の親族が同伴しようとしなかろうと、ヒジュラは義務なのだ。その女性に、あるていど確実な道をみつけだす能力があり、自分を見守るアッラーを畏れる気持ちがありさえすれば[23]。

ダーイシュにおいてはつねに、学識者の伝統が規範に根拠をあたえているが、その機関誌が主張するような全員一致のコンセンサスが存在するかどうかは、そうとう疑わしい。「アル・クルトゥビは言う、『学識者たちが一致して認めているところだが、自分の宗教や自分自身に不安をいだいたり、不信仰者の地を去ろうとする女性にとって、たとえ男性親族に伴われていないとしても、移住は義務的である』(*Al-Moufham Charh Sahih Mouslim*, vol. 3, p. 450)」。[24]

彼らは性奴隷を扱うとき、羞恥心の原則を尊重しない(買い手にどれほどのものかしめすために、公衆の面前で女の奴隷の衣服を脱がせることもある。さながら十九世紀のオリエンタリズム絵画にえがかれた奴隷売買の風景だ。だが、サラフィー主義者たちの現実の実践はそうではなく、彼らにとって性行為は自宅の私的な場でおこなわれるものだ)。奴隷であってもなくても、妻や寡婦の「売買・交換」において、彼らはかならずしもイッダ(寡居)——その女性が前夫の子どもを身ごもっていないかどうか確認するため、月経が三回来るまで待つこと——を遵守しない。必要ならば、避妊のためのピルを女性に服用させる。つまるところ、性に関する彼らの行為は「正統的」とはほとんどおもえない。

両親に対して、いかなる尊敬の念もアプリオリにしめすことはない。仮に親が子どもの決意に反対するのなら、親の言うことに耳を傾けるにはおよばない。息子が家を出てジハードにく

(23) *Dabiq*, n° 8.
(24) *Dar al-Islam*, n° 3.

わわるのを阻止しようとした母親が殺害されたケースさえある。(25) サラフィー主義者にあっては、戦闘における死は崇高なものとみなされるが、死を望むことは自殺とかわらないので、神の意思に反する。サラフィー主義者は不信仰者とのあいだの合意によって、彼らに対して善意の説教をすることができる。彼らと親しく交わるのは避けねばならないが、強制的に改宗させようとしてはならない。かたやダーイシュの機関誌は、不信心はそれ自体、死をもって罰せられるべきで、自分たちはイスラーム共同体を守るためばかりでなく、まさしく世界全体を力ずくで改宗させるために戦っているのだとくり返し主張している。

ダーイシュはどのようにしてこれらの矛盾に折りあいをつけているのだろうか？ 大量のこじつけとあらんかぎりの法学的言説を駆使することによってだ。すべてのこと（奴隷制、捕虜の虐殺、キリスト教徒の処遇、背教者に対する罰、テロ攻撃、天国への到達など）に関して、ありとあらゆるたぐいの法学者の意見が引用される（当然ながら、つねにダーイシュの方向性に合うかたちで）。だが、ここでもまた歴史的文脈はまったくない。場所も不明なら、学者たちのステイタスに関する情報も皆無で、せいぜい日付があるていどだが、それさえもかならずというわけではない。あたかも法学者たちが、いつの時代においても、ダーイシュが提起する問題を論じているかのようだ。反論の余地のない引用がつみかさなると真実にみえてきて、新参者には強い印象をあたえることはたしかだろう。

つぎに、自爆テロを正当化するためのいささか「奇抜な」論理の一例をあげよう。

第四に、イマーム・ムスリム〔九世紀イランのハディース学者〕は『ハディース・ムスリム』〔スンナ派の六大集成書のうちのひとつ〕の伝承第三〇〇五で壕の話を語り、そのなかでクルアーンの星座章（アル・ブルージュ）〔第八五章〕に触れている。異教の王はあらゆる手段を講じて少年信者を殺害しようとするが、そのたびに失敗する。ついに少年は王に向かって言う、「ほんとうに私を殺したいのなら、まずあなたの国の人びとを全部一個所に集めなさい。それから私をナツメヤシの木の幹に磔にし、私の矢筒のなかから矢を一本取り出し、その矢を弦の中央にあて

(25) « Saudi Twins' Killing of Mother in Name of ISIS Sparks Religious Debate », Haaretz.com, 5 juillet 2016. いつもながら、とびかう噂には注意すべきだが、このケースのように実証されたものもいくつかある。

『この子の主であり、神であるアッラーの名において』と言ってから、私に向かって矢を放て」。王はこの言葉にしたがい、かくして予言どおり、少年を殺すことができたが、そこに集まっていた人びとは「その子の主である神を私たちは信じる！」と言った。［…］イブン・タイミーヤ〔十三～十四世紀シリアの法学者〕はこう述べた。「イマーム・ムスリムは壕の人びとの話の章のなかで、少年が宗教の普及のために自分を殺すよう指示したことに言及した。かくして四人のイマームが、ムスリムはたとえ殺されることがほとんど確実なときでさえ、それが信者たちにとって有益ならば、敵の隊列に飛び込むことを認めたのだった」（*Madjmou' al-Fatawa*, 28/540）[26]。

ダーイシュは、こうした巧みな論法でもって、クルアーンが定めていないかたちの処刑を正当化する。たとえば、イスラーム法では同害報復（加害者に被害者と同等の苦痛を科すこと）が認められているので、ムスリムたちが死にいたった情況（爆発や火事）を再現して近隣の囚人を殺害することは法にかなっていると結論する。すべては、タクリードすなわち先人の模倣

（過去の法の解釈を無条件にうけいれること）の拒絶として正当化される（しかしこうした先人の論理を援用しているので、矛盾におちいっている）。端的にいえば、いつもの詭弁をつかって、サラフィー主義者が禁じている改革の権利をこっそり手にしているのだ[27]。さらに、ダーイシュは、自分たちのイスラーム解釈以外の解釈をすべて拒絶していて、その攻撃の標的のなかには、イスラームの「欧米化」を唱えるすべての人びとはもとより、ムスリム同胞団、そして……サラフィー主義者も含まれていることを忘れてはならないだろう。

ここで述べたことは、議論の締めくくりではなく、ダーイシュの宗教に関するよりつっこんだ研究の方針を切り開くための指摘である。

（26） *Dar al-Islam*, n°8.

（27）「タクリードはアッラーとその伝道者以外の者にしたがうことなので、悪である。道に迷った人たちの問題の根源がここにある。ムハンマド・イブン・アブドゥルワッハーブ〔十八世紀の宗教指導者、ワッハーブ派の創始者〕はこう言っていた、『無明時代の人びとの宗教は、タクリードをもっとも重要な基盤としている。無分別な信心は始めから終りまで異教徒の最大の基本である』と」（*ibid.*）。

過激派の若者はサラフィー主義者なのか？

テロリストやジハーディストの宗教心についてはすでに言及した。それは、ダーイシュの厳命への服従とはほど遠い。ただ、シリアにおいてだけは、日常生活を統制する厳しい規範の数々を、ときにはいささかうんざりしながら認めている。アルカーイダの場合は、イスラームの規範のもとでの日常生活とは、訓練基地に短期間とどまることだけだったので、問題はなかった。そもそも、ウサーマ・ビンラーディンにせよ、その後継者アイマン・ザワーヒリーにせよ、日常生活におけるシャリーア（イスラーム法）についての議論などに関心をもっていなかった。したがって、過激派とイスラームの規範との関係を分析するには、欧米または彼らの居住国における行動をもとにしなければならない。

過激派の若者がサラフィー主義者ではないことの第一の点は、イスラームの戒律（オーソプラクシー）の観点からである。日々の生活におけるハラールの規範や、一日五回の礼拝や、ハラール食を彼らはほとんど重視していない。比較的正確に分かっているのは、テロリストたちが行動をおこす前の数ヵ月間の生活（たとえば、アブデスラム兄弟は酒場に遊びにでかけていた）、またはテロ直前の数時間の行動である。二〇一五年十一月のテロで死をまぬがれた二人、ユーネス・アバウドとサラー・アブデスラムは、ハラール・サンドウイッチをさがすことや礼拝することには無頓着で、若い女性たちと群れていた。

他方、サラフィー主義者は、シャリーアで規定されている例外を除けば、どんな場合も日々の生活の規範を厳格に尊重しなければならない。死が迫っているからといって、規範を守らずにすむわけではなく、むしろその逆だ[28]。サラフィー主義者にとって、天国への近道はない。これに対して、過激派は近道をもとめることで、決められた行為をせずにすませる。サラフィー主義者にとって（そればかりか、他の多くのムスリムにとって）、規範の遵守はまず第一に教育的価値を有する。それによって純化され、最後の審判にそなえることができる。生命には価値と機能がある。それは、あの世への準備である。生命は、信者が救済を得られるように、神

（28） 一九八〇年代に私は一八ヵ月のあいだアフガニスタンに滞在し、ハナフィー派、スーフィー主義、サラフィー主義など、さまざまな立場のジハード戦士たちと日常生活をともにした。彼らはいずれも祈りや断食などの習慣を厳格に守っていた。ジハード戦士だからといって戒律をまぬがれるわけではないようだった。

からあたえられた贈り物なのだから、生命を軽視して死を愛することはできない。キリスト教的な用語でいえば、すでにうけている恩寵によって掟が免除されることはないのだ。

すでに指摘したように、過激派の家族や配偶者や子どもとの関係は、サラフィー主義とは縁もゆかりもない。彼らは両親を拒絶し、いささか雑多な性的関係をもち、結ばれてまもない家族を捨てて、みずから命を絶つ。過激派の若者たちは、厳格でさほど暴力に執着しないサラフィー主義よりもダーイシュのほうに、暴力やセックスとの関わり方について好都合な宗教的「解釈」をみいだすのだ。彼らの好む音楽（ナシードからラップやヒップホップの類まで）に、サラフィー主義者の長老《シャイフ》たちは眉をひそめるだろう。おまけに欧米の「ストリートウェア」を着たり、長髪のまま戦闘に加わったりするのだからなおさらだ。要約すれば、彼らは信者にはちがいないが、サラフィー主義者とはいえない。

くり返しになるが、それでサラフィー主義がその責任（社会の分断や暴力の黙認に関する）をまぬがれるわけではないが、急進化の源がサラフィー主義ではないことはたしかだ。といっても、サラフィー主義が過激派のあいだでも機能している社会的・世代的メカニズムを基盤として拡大していることは否めない。サラフィー主義はジハード主義と同じカテゴリーの人びと、つまり第二世代と改宗者をとりこんでいるからだ。そこには共通の母体があるが、同じ因果関係はない。

宗教の脱文化と象徴的暴力

ここで、本著のはじめに提示した問いに立ち戻ろう。この二十年のあいだに過激化がとくに第二世代と改宗者をとらえたのはなぜか？　このふたつのカテゴリーの人びとは、自分たちの両親のなかに文化的に根づいていた宗教を、その境遇、あるいは選択によって失ったからである。そこで彼らは、サラフィー主義者たちがしているように、社会的にも文化的にも根をもたない宗教を一からつくりあげた〔十九頁訳注参照〕。彼らは文化の消失を賞賛さえしている。そのおかげで、しがない敗者が、均一化をうながすグローバリゼーションのみごとな立役者になれるからだ。それゆえ彼らは宗教的原理主義やグローバルな大義の追求に陥りやすい、いやむしろ「グローバルな存在」を希求する。そうすれば、自分たちに欠けている「根」を無用なものにしてしまえる。

第二世代や改宗者が紛争をはらむ脱文化の情況に陥る可能性がもっとも高いとはいえ、脱文化・宗教の再構築は、もちろんこの二つの集団に固有の現象ではない。脱文化は、生まれ育った地においても進行する。国際的ジハード主義者に（旧ソビエト連邦出身者とともに）北アフリカ出身者がきわめて多いのはこのためである。この地域ではたしかに言語対立がきわだっている。マグレブでは、現地語（ベルベル語とアラビア語方言）、フランス語、標準アラビア語（正則アラビア語）の競合がすぐれた知識人を生みだし、なかには三種類の言語を完璧にあやつる人たちもいるが、他方では、その周辺部にどの言語もあやふやな人たちが置き去りにされている。ポストコロニアル時代のアラビア語の普及は、植民地時代のフランス語の普及とほとんど同じくらいネガティヴな結果を生みだした。旧ソ連邦の国々についても情況は同じだ。共産主義体制の伝統的イスラームに対する攻撃は、サラフィー主義者やジハーディストたちにとっては、「白紙状態」のための地ならしとなった。ジハーディストのなかで、チェチェンとダゲスタンの出身者がとびぬけて多いのは、おそらく前者は世代間の断絶がもっとも深刻で（一九四四年のチェチェン人の強制移住による）、後者は言語の分裂がきわめて大きいからだろう

(ダゲスタンには共通語がないためロシア語をつかわざるをえない)。同じ現象はコソボ出身のジハーディストにも生じたが、その数は隣国アルバニアの出身者を比率にしてはるかにうわまわる。彼らのうち年長の者たちはダーイシュに加わると「ユーゴスラビア大隊」、つまりセルビア・クロアチア語を共通語とする部隊に編入された(ユーゴスラビアの名をもつ最後の残党が、シリアを拠点とする「ジハーディスト大隊」だったとは、何たる皮肉!)。セルビア・クロアチア語を話せない若者たちのほうは「アルバニア大隊」に編入させられた[29]。これに対して、国際的ジハーディスト集団のなかでヨーロッパ在住のトルコ人は少数だ。彼らにあっては、言語と伝統的宗教はしっかり伝達されているからである(オランダのジハーディストの大半はマグレブ出身者または改宗者)。けれど、過激派にはパキスタン出身の若者も非常に多く、さらに、改宗者のなかには「ブラック」と呼ばれる人たちも多い(これはヨーロッパ全域において

(29) フィレンツェの欧州大学院研究員シュペンド・クルサニの調査による。Shpend Kursani, *Report Enquiring into the Causes and Consequences of Kosovo Citizens' Involvement as Foreign Fighters in Syria and Iraq*, QKSS.com, avril 2015.

言えることである)。パキスタンでは言語の問題が中枢にある。公用語のウルドゥー語は、ほんのひと握りの人たちが母語としているだけなので、他国への移住により消失してしまい、同胞たちのあいだのコミュニケーション言語は英語にとってかわる。ベルギーの例もまた、過激派のなかでフランス語圏の人たちの数がきわだっていることをしめしている。ベルギー国籍のジハーディストの四五パーセントがブリュッセル（フランス語圏）出身、四五パーセントがフランデレン地域（フラマン語圏）出身、十パーセントがワロン地域（フランス語圏）出身であり、ベルギーではフランス語よりもフラマン語を母語とする人口のほうが多いことを考慮すると、フランス語圏のジハーディストは相対的に多数を占めている。

宗教性が文化と切り離されることにより、原理主義のかたちでの宗教の再構築がなされた。けれどそうした再構築は、社会的・文化的実質を失っているので、激しい象徴的暴力をも秘めている。もちろん、その暴力が過激なジハーディズムにいきつくとはかぎらないが。

この脱文化をひきおこしているのは、移民やグローバリゼーションだけでなく、世俗化もその一因である。宗教性は、ヨーロッパ社会ではすでに本来の意味ではとらえられていない。一般の人たちのあいだではアイデンティティとしてかろうじてうけいれられているが（ヨーロッパのキリスト教というアイデンティティ）、信仰心としてではないし、公然とした宗教の実践はますます縮小している（フォークロアは別として）。右翼ポピュリストや白人主義右翼の運動体「イダンティテール」にしても、多文化主義左翼にしても、宗教のなかに「冷めた文化」をみるだけで、宗教的価値観の分裂を考慮していない。ローマ教皇フランシスコが日々くり返し指摘しているように、「キリスト教をアイデンティティとする人」と、キリスト教の「信徒」とでは、価値観が異なるのである。ポピュリストたちはすでに「キリスト教徒」ではない。そのなかには、誇らしげな現代的価値観（フェミニズム、LGBTの権利、性的自由）を公然とうけいれ、それをヨーロッパの価値の証とまでみなす人たちもいれば（オランダの右派政治家ヘルト・ウィルダースがその例）、あまり目立たないようにではあるが、価値観や行動様式に関する保守派の反撃（「すべての人のためのマニフ（LMPT）」〔伝統的家族観の護持をかかげ、同性婚などに反対する団体〕はその一例）に加担するのを控える人たちもいる（たとえばフランスの政治家マリーヌ・ル・ペン）。イタリアの政党・北部同盟（保守的価値観をもつ）でさえ、キリスト教の慈善とアイデンティティとしてのキリスト教とを区別するような司教たちを糾弾している。ポーランドの「法と正義（ＰＩＳ）」は、カトリックであるとともにポピュリストでもある唯一の政党だが、その創設はごく新しいので、まだ明確な評価が可能な段階ではない。

いま人びとを騒がせているのは、公共の場における「宗教心」のしるしとしての宗教的シンボルの存在である。すぐ頭にうかぶのはヒジャブ（女性が頭髪を覆う布）だが、キッパ（男性ユダヤ教徒の帽子）や、カトリック司祭の長衣、さらにはイスラームのハラールやユダヤ教のカシェル（いずれも食の規範）もこの範疇だ。代議士ピエール神父が長衣に三色の肩掛けをつけて国民議会に出席した時代は終りをつげたのだ。非宗教性《ライシテ》はもはや国家の中立のたんなる法的原則ではなく、公共の場から宗教性を放逐するための原則になった。今日では、非宗教性《ライシテ》とは、宗教は私生活のなかにとどめられなければならないという意味としてうけとめられているが、それは政教分離を定めた一九〇五年の法律の文言にも精神にも反する。この法律は信仰ではなく、礼拝、つまり公共の場での宗教の実践に関するものだからだ。

つまるところ、非宗教性《ライシテ》がもっともイデオロギー的でもっとも明瞭なかたちをとっているのがフランスのケースである。このことで、フランス語圏と過激化とのあいだの現実的な相関関係のもつ意味が、大げさに強調されるきらいはあるにせよ、説明できるだろう(30)。というのも、フランス文化の社会は、宗教にかわる社会的紐帯をきずくことで、宗教をもっとも「脱文化」した社会だからだ。

もちろん、非宗教性《ライシテ》の圧迫だけで、過激な反乱が説明できるとはとうてい言えない。すでに指摘したように、ジハーディストたちは政教条約《コンコルダート》を望むような信心深い人たちではない。ジハーディストたちはライシテには無関心であり、彼らの過激化をライシテに対する抗議の一形態とみなすのはまちがいだろう。彼らにとってはどんな妥協も不可能なのだから。おそらく、フランス語圏と過激派との関係を理解するうえでもっと重要なのは、言語とのかかわりだろう。

(30) William McCants et Christopher Meserole, «The French Connection: Explaining Sunni Militancy around the World», ForeignAffairs.com, 24 mars 2016. もちろん、この分析は性急すぎる。ジハーディストは非宗教性(ライシテ)そのものを攻撃しているわけではないが(彼らはすべてのかたちの世俗化を否定している)、ライシテは宗教的なものの脱文化の頂点をしめしている。宗教はもはや集団的な市民権をもたず、個人的な市民権だけをもつことになるからだ。

マグレブの国々はフランス的な意味でのライシテをかかげてはいないが、言語とのかかわりは複雑であり、したがって文化とのかかわり、そして宗教とのかかわりもこみいっている。アルジェリアやチュニジアでライシテをかかげる人たちは「一掃主義者」で、政治的交渉からイスラーム主義者を排除し、公共の場ではイスラームをみえないものにしようとしている。

要するに、問題は移民に対する人種差別というより（もちろん差別自体は存在するし、そのことはあとで触れよう）、宗教的なもの、つまりイスラームを公共の場から排除したことである。それにより、イスラームは必然的に自己流の論者や過激派の手にゆだねられることになる。宗教や政治の急進化を人種差別と植民地時代のツケとみなす人たちは、「ムスリム出身」と「根っからのフランス人」との分裂から対立が生じているのではないことをみていない。ムスリムの知識人とフランスの知識人との対立ではないことを知るには、さまざまな署名運動に記された氏名を読むだけで十分だ。対立は考え方の相違からくるもので、出自によるものではない。フランスにおけるヒジャブの着用にもっとも激しく反対しているのはマグレブ出身の人たちである。

世俗主義と宗教の脱文化はこうして非宗教性《ライシテ》と原理主義というふたつの産物を生みだした。宗教性は、ライシテをモットーとする人たちの目には、私生活の領域にとどまっていなければ奇妙なものにみえる。この「奇妙さ」こそが、同化ではなく断絶を模索する若者たちを惹きつける。彼らは嫌イスラーム（イスラームフォビア）に対しては抗議していない。彼らもまた欧米とイスラームとのあいだには深い亀裂があると考えているからだ。だが、恐れを抱かせるシンボル（ヒジャブ、ターバン、そしてもちろん武器、とくに刀と短剣）にはとびつく。そんなわけで、善良で穏健なイマームのもとで善良で穏健なイスラームを実践させることにより、彼らを「矯正」しようというのは意味がない。彼らは過激性そのものを求めているのである。

若者の暴力——大義を求める反逆者

けれど、脱文化が宗教の硬直化を招いたとしても、テロリズムへの移行がそれで説明できるわけではない。前に指摘したようにジハーディストやテロリストの暴力は特殊なものであり、サラフィー主義の必然的な結果ではないからだ。縦断的アプローチは過激派の宗教的想像力

（およびイスラーム批判）を理解する助けにはなるだろうが、到底それだけでは彼らの暴力を説明できない。[31] ここでは、横断的現象にも注目しなければならない。つまり、民族や宗教とは独立して存在する、私たちの現代社会における「若者」の暴力である。

世代性を有する革命的急進主義の連続性

はやくも一九六〇年代には世代性に依拠する抗議行動の空間が出現した。まずその空間を占めていたのは極左で、ついで一九九〇年代以降はイスラーム過激派である。かつてテロリストだったダヴィド・ヴァラがその回想記で語るように、「私たちは直接行動《アクシオン・ディレクト》やドイツ赤軍の活動家にもなりえただろう」[32]。直接行動の残党ジャン＝マルク・ルイヤンが、これに異を唱えるはずはなく、バタクランのテロリストたちの勇敢さを称えている。カルロス〔本名イリイチ・ラミレス・サンチェス、ベネズエラ出身の国際テロリスト〕にしてもそうだ。カルロスは一九七〇〜八〇年代におきた一連の親パレスティナ・テロの中心人物であり、獄中でイスラームに入信し、ウサーマ・ビンラーディンを称えていた。極左からイスラーム主義への移行は、こうした国際的過激派にとどまらない。それはレバノンの親パレスティナ活動家にもみることができる。[33]

世代に依拠した反乱は、中国の文化大革命からクメール・ルージュを経てダーイシュにいたるが、そこには、すべてを白紙にし、記憶を消し去り、親たちに対して真理の支配者になろうという意志が刻みこまれている。過激な若者が反逆に向かうのは、松明を受けつぎ反乱を継承するためではなく、過去の記憶が欠落し、親たちが沈黙と無力におちいっているからである。またドイツ赤軍は前の世代がナチスの時代について口をつぐんでいることを非難していた。また一九六〇年代にフランスに移住したアルジェリア人二世たちにとっては、フランスに抗する民族をあげての戦いについて高言を吐いてきた一世たちが、結局フランスに移住し、隷属同様の立場に甘んじていることが理解しがたかった。

二つのかたちの反乱（極左とイスラーム過激派）は、共通する構造を有している。それは世代性である。文化大革命からドイツ赤軍を経てダーイシュにいたるまで、親たちが（革命や民

（31） 本書第一章〔とくに七〜十六頁〕参照。
（32） David Vallat, *Terreur de jeunesse*, *op. cit.*, p.136.
（33） Wissam Alhaj et Nicolas Dot-Pouillard, *De la théologie à la libération*, Paris, La Découverte, 2014.

主主義やイスラームを）「裏切ったこと」や、真実を伝達しなかったことを非難している。さらにそれは、民族解放の運動ではなく、世界の秩序に対する世界規模の反乱である。まず最初は革命であった（世界的な永久革命。ゲバラが言っていたような、「三つか四つのヴェトナム」の創出と、「小さな反乱の拠点《フォコ》の増殖」によって）……。そして、いまやそれはジハードなのである。新しい拠点《フォコ》としての無数のムスリム首長国をつくり、欧米の軍隊を撃退するという同様の意志をもってして。こうした状況の前提となるのは、職業化した前衛にみちびかれる同様の革命的放浪主義である。拠点から拠点へ、ジハードからジハードへの移行なのだ。革命がおこるのがボリビアでもヴェトナムでもオマーンの行政区ドファールでもパレスティナでも、さして問題ではない。ジハードの時代になると、それがアフガニスタン、ボスニア、チェチェンになり、そして昨今ではシャーム（歴史的シリア）だ。他方では、反革命もまた、時間的空間的な一種の抽象化によって方向づけられてきた。マレーシアでも、ヴェトナムでも、アルジェリアでも、同じ手法が用いられた……。革命も反革命も、本質というものに帰着してきた。治安とゲリラ対策は、難なくテロリズム対策に移行した。そんなわけで、今日、テロリズム対策はそれ自体としてひとつの学問分野となり、同一の抽象的な対象を、まったく異なる文脈のなかで解明しようとしている。

こうした反乱は、「国際プロレタリアート」や「ムスリム共同体」といった、抑圧された人びとのヴァーチャルな世界的コミュニティの名においておこなわれる。活動家とそうしたコミュニティとの関係がきわめて希薄だとしても（ドイツ赤軍もゲバラも「プロレタリア」ではなかったし、バタクランの殺害者たちも日常生活のなかでイスラームフォビアに苦しめられてきた信心ぶかいムスリムたちではなかった）。既存の秩序との断絶は徹底している。妥協も協調も求めない。つまるところ、彼らは幾分かのロマンチシズムと英雄主義と自己犠牲と自己実現をまじえた空想の世界のなかで行動しつつも、サラフィー主義者や毛沢東主義者の禁欲主義と、ラテンアメリカのゲリラの開放的な（とはいえ完全に男性中心主義的な）性行動とのあいだを揺れ動いている。

アルカーイダやダーイシュにおいて、第三世界的側面は依然として重要だ。どの活動家も、自分たちの組織には人種差別は存在しないと強調している。すでに指摘したが、改宗者のなかには黒人が非常に多く、その出身地は英連邦ジャマイカ、アンティル諸島、フランス語圏のレユニオン島やアフリカ、旧ポルトガル領アンゴラ、アメリカのヒスパニック居住地（たとえばテロリストのホセ・パディージャ〔シカゴ「汚い爆弾」テロ計画の容疑者〕）といった、「第三世界化した」地域である。ドイツでは、この場を占めているのは混血の人たちだ。そのうちのひとり、ラッパーのデニス・カスパート（芸名デソ・ドッグ）は、ムスリム名のアブー・タルハ・アルマニで呼ばれることのほうが多かった。彼は一九七五年十月十八日、クロイツベルク区〔旧西ベルリンの行政区〕でガーナ人の父とドイツ人の母のあいだに生まれ、父の国外追放後、母はアフロアメリカンの士官と再婚している（このラッパーは二〇一〇年、元ボクサーの改宗者ピア・ヴォーゲルに感化されて入信した〔その後アルカーイダに関与し、二〇一三年ごろダーイシュに加入〕）。時期的に最後の人物はハリー・サルフォ〔ガーナ出身のドイツ人、二〇一五年ダーイシュに加入〕である。オランダでは、ホフスタット・ネットワーク（映画監督テオ・ファン・ゴッホを殺害した）に、オランダ人を母としアフロアメリカンの士官を父とする、改宗者の兄弟がいた（ウォルタース兄弟）。

極左の過激主義はまずイスラーム主義へ、さらにイスラーム過激派へと移行した。その端緒となったのはイランにおけるイスラーム革命（一九七八～七九年）で、それは国際舞台においては第三世界主義・反帝国主義革命とみなされた。テヘランの革命を支持したのは、ムスリムの国家ではなく（そのほとんどすべてが嫌悪した）、キューバやニカラグアの民族自決主義者たちだったことをおもいおこそう。そして、イスラーム主義と極左が結合して、レバノンの政治組織ヒズボッラーが生まれた。

けれど、とりわけ、欧米の極左はセクト主義的テロリズムにのめりこみ（フランスの直接行動やイタリアの赤い旅団）、普遍的な展望をもちえなかった。彼らは国際的プロレタリアートをみいだすことができずに消滅した。ダーイシュもグローバルなイスラーム共同体をみいだせないまま消え去るだろうが、幻想の周辺部だけは残ることだろう。極左は普遍主義と決別し、いまやアンチグローバリゼーションの立場をとり（スペインの政党ポデモスのように）、事実上地元への執着をとりもどそうとしている（自国規模のケース――これは新たなポピュリズムに合流する――もあれば、フランスの「守るべき土地」（ZAD）やアメリカの「ウォール街を占拠せよ」のようなミクロ解放区運動もある）。極左は多文化主義（普遍主義の敗北を認めるひとつの手段）なのか教条的な世俗主義なのかはっきりせず、新しいポピュリズムとの境界はあいまいだ。彼らは本質的には地域重視派である。

大義を求める新たな反逆者たちにとって、マーケットにはアルカーイダとダーイシュしかみあたらない。彼らの選択の基準になるのは、各人の戦略ではなく、敗者がスーパーヒーローに変身できる展望である。この点ではダーイシュに太刀打ちできるものは存在しない。過激な拒絶と社会への復讐を表現しているのは、まさしくダーイシュなのだ。アルカーイダやダーイシュは、過激でグローバルな反逆以上のものをもたらした。それは死に対する渇望であり、私はそれをニヒリズムと呼ぶ。

世代性ニヒリズム　新しい過激主義者は、欧米社会であれ、ムスリム社会であれ、既存の社会に対する憎しみの点で、かつての革命家やイスラーム主義者やサラフィー主義者よりはるかに徹底している。この憎しみは、大量殺人のなかで自分自身の死を希求することに表現されている。自分たちが拒絶する人たちと共に自分の命を絶つのである。二〇〇一年九月十一日以来、それは過激派の特異的な手口となった。つまり、すでに言及したように、死は彼らの計画の中心をなす。そしてそのニヒリズムを、彼らは他の人たちと共有している。

大量殺人後の自殺、残念ながらこれはまちがいなく現代的現象である。その典型例はコロンバイン症候群だ。銃で武装した若者が自分の学校にやってきて、誰かれかまわず撃ちまくり、できるだけ多くの人を殺害する——生徒も教師も、顔見知りも知らない人も——、それから自殺する、あるいは警官に射殺される。犯行の前にフェイスブックに写真や動画や声明を載せておく（フェイスブックの登場以前はネット上に）。犯人はヒーローのポーズをとり、自分が万人の知る存在になった歓びを誇示する。アメリカでは一九九九年から二〇一六年のあいだにこのタイプの大量殺人が五十回おきている。[34] ジハーディストとの共通点は、年齢、演出、大量殺人と犯人の自殺である。

大量殺人のケースはそれ以外にもたくさんあるが、そのたびに個別の病理的原因に帰されて

(34) Lauren Pearle, «School Shootings since Columbine: By the Numbers», ABCNews.go.com, 12 février 2016.

いる（たとえば、二〇一二年アメリカ・コロラド州オーロラの映画館における銃乱射の犯人。上映されていた映画は『ダークナイト ライジング』だが、このタイトルはダーイシュのプロパガンダにしてもよかったくらいだ。副操縦士が意図的におこした二〇一五年のジャーマンウイングス墜落事故もあげておこう）。個々の独立したケースが同じパターンで連続してくり返されるとき、それは社会的事象とみなしていいだろう――これは、デュルケームが『自殺論』（一八九七）で提起したのとまったく同じ問題であり、彼がつくりだした社会学の基礎そのものである。極右の活動家による大量殺人（ティモシー・マクベイを主犯とする一九九五年のオクラホマシティ連邦政府ビル爆破事件や、アンネシュ・ブレイビクによる二〇一一年のノルウェー連続テロ事件）では、自殺という側面はそれほど明白ではない。けれど、ブレイビクについては、きわめて類似した特徴がみとめられる。歴史的と称する妄想の大言壮語、極端な暴力の正当化、自分を孤高の英雄とみなしている点、インターネット上での演出。

したがって、自殺願望をもつ精神病質者《サイコパス》とカリフ制国家をめざす戦闘員との境界線があいまいなのも当然である。だがそれは見かけだけの問題だ。重要なのは、アルカーイダやダーイシュが、世界的大戦略の一環をなし、さまざまな動機をもつ若者たちを惹きつけるような行動の価値体系を、どんな仕方であたえているかという点だからである。

たとえば、ニースのテロの実行犯は当初サイコパスとみなされていたが（そのあらゆる症状がみられたので）、のちにダーイシュの戦闘員で、犯行は綿密に準備されていたと報道された。しかし、両者は相反するものではない。問題は、「狂気」と、行動をおこす端緒となる価値体系とを切り離すときに生じる。ノルウェーのテロの犯人ブレイビクについても、キリスト教を根源とする壮大な物語のなかにその犯罪を位置づけるのは醜悪すぎるようにおもわれたので、裁判所は心神喪失と判断したにもかかわらず、被告自身がみずからの自由意志を認めるよう要求したのだった。同じように、二〇一六年七月のミュンヘン銃撃事件の犯人アリ・ソンボリーは、すぐさま精神病質者と判断された（彼もまた入念に犯罪の準備をしていたのだったが）。彼が拠り所にしていた価値体系（イスラームの名においてではなく、アーリア人至上主義の名においてムスリムを殺害する）が「狂気の沙汰」にみえたからだ。逆に、どんな精神病質者でも、「アッラーはもっとも偉大だ《アッラーフ・アクバル》！」と叫びながら人殺しをすれば、かならずイスラーム主義の闘士とみなされる。要するに、狂気とは、人間の狂気ではなく、大義の狂気なのである。

さらにいえば、この観点からあらためて研究すべきは、一九九四年から一九九七年にかけて、「もうひとつの世界」に到達するための集団自殺にみせかけた大量殺人で七十四人の死者をだしたカルト教団「太陽寺院」の事件である（一九七八年におきた、ジム・ジョーンズひきいるカルト教団「人民寺院」の事件も同様）。精神操作（マインドコントロール）がさんざん問題にされたが、これらのカルトがなぜ多少なりとも人びとを惹きつけたかについては真剣に検討されてこなかった。社会層がきわめて異なる人びとのあいだでも、ニヒリスティックな行動には酷似した構造が存在することを指摘しておきたい。

ありとあらゆる範疇をいっしょくたにしようというのではない。それぞれのケースは特異的ではあるが、ニヒリスティックなうえに自殺願望まである、社会と断絶した若者たちがおかした大量殺人にみられる横断的な共通性には、衝撃を禁じえない。

若者たちがテロ行為に走るのは、出自への屈辱感に起因する個人的な反抗が、イスラームの黄金時代への回帰という壮大なストーリーをともなう信者たちのヴァーチャルな「共同体」と合体した結果である。若者を英雄に、そして恐怖の支配者に変身させる現代的な暴力の美学にもとづいて脚色されたストーリー。こうした物語の構築は、ムスリム世界の実際の危機から生まれた組織（アルカーイダやダーイシュ）によって演出されているが、これらの組織にはそれぞれ独自の戦略がある（その指導者たちはけっして自殺しない）。つぎにこの側面について触れなければならない。

第四章　ビンラーディンの影からダーイシュの太陽へ

私たちにとってアルカーイダはほとんどおなじみの存在だ。９・11の影、ときどきおこすテロ、ドローンの雨、傷のあるＣＤの音のような声明、自分をドクター・ノオ（『００７』の悪役）とまちがうなと叫ぶザワーヒリー、サヘルで新たなラクダ部隊をしたがえた四輪駆動車、そして近年のシリア支部であるアル＝ヌスラ戦線。しかし、アル＝ヌスラ戦線はほとんど穏健といえるほどで、アルカーイダのレッテルを剝ぎとりさえすれば反アサド勢力に含めていいくらいだし、実際、欧米諸国と同じように、古都ニネヴェやバビロンの廃墟から出現した新しい魔物（ダーイシュ）と対決するときには、そうならざるをえなかった。

ところが、ダーイシュのほうは、二〇〇一年九月十一日のアメリカ同時多発テロに匹敵するほどの事件をおこしたことはない。ダーイシュが畏れられているのは、大量殺人の能力ではなく、恐怖を演出する驚異的な才腕、破壊ではなく恐怖心をおこさせる才腕によるものである。

この恐怖心が人びとの目をくらませている。

私たちはダーイシュの言辞をあまりにも文字通りにうけとりすぎた。グローバルなカリフ制国家という主張は妄想だが、だからこそ、偉大さの妄想にとりつかれた若者たちを惹きつける。ローカルな政治的・軍事的組織としては実在するのだから、ダーイシュが国家を標榜すること自体は妄想ではない。けれど、そのダーイシュは構造的に脆弱だ。というのも、あとで触れるが、まったく矛盾する二つの主張からなりたっているからだ。ダーイシュには世界征服の壮大な戦略（たとえば欧米に内乱を触発する）があるかのようにおもわれ、テロ攻撃がしかけられるたびに、それぞれが決定的転換点、または新しい戦略と位置づけられた。こうした世界の新米支配者の戦術についてさまざまな憶測がとびかったが、そこには扇動や偶然、付け焼き刃、さらにより深いところで計算違いがあることは見落とされていた。恐怖は戦略ではなく、妄想である。

テロリストの「第三世代」と新たなグローバル・ジハードという神話

過激化の論理は、ジハーディストの「中枢部」の戦略と直接的な繋がりはない。このことは、すでに述べた欧米におけるテロ組織の行動様式の驚くべき連続性からもあきらかだ。過激化の論理は、中枢部（アルカーイダやダーイシュ）が市場に流布させている物語の構築と連結している。一九九五年以来、フランスの過激派の若者のストックはほとんど同じような論理形式でもって維持されつづけているが、他方でムスリム世界において彼らが依拠する組織は替わっている。一九九七年から二〇一五年まで、すべての過激派はアルカーイダにしたがっていた。たとえばクアシ兄弟はイエメンにわたり、アルカーイダの部隊に加わった。はじめてダーイシュに拠り所をもとめたのはアメディ・クリバリだが（二〇一五年）、かなり後になってからのことで、彼はシリアに行ったことのある戦闘員と接触していた（自分自身では行かずに）。つまりダーイシュとの最初の接触は間接的なものだった。

いっぽう、シャルリー・エブドを標的にすることは、デンマークの風刺画家殺害計画（二〇〇八年）のときからアルカーイダによって指示されていたので、「新たな戦略」とは関係がない。さらに、ダーイシュは、アルカーイダが推奨するテロ攻撃の方策を踏襲している。(1) ビンラーディンの組織と同じように、結局のところ、ダーイシュは個々人による手づくりテロを呼びかけるにいたる（「車やナイフ……を使用せよ」）。誰もが標的だ。兵士も、警官も、市民も、教会も、群集も。戦闘員のストックはつねにあるのだから、呼びかけもつねになされる。目的は恐怖をひきおこすことであって、何か具体的なメッセージを発する（ユダヤ教徒や、軍隊や、キリスト教に関して）ためではないのだが、コメンテーターたちは「ダーイシュの新しい戦略」についての議論にいとまがない。バタクラン襲撃の標的は多文化主義のボボ（ブルジョア・ボヘミアン）、ニースのテロでは国粋的な人種差別主義者、マニャンヴィルでは警察、サン＝テティエンヌ＝デュ＝ルヴレではキリスト教、要するにすべての人が標的なのだ。これこそが標的と戦略に関する問いへの答えである。「われわれはヨーロッパを墓場にするつもりだ」、マニャンヴィルで警察官夫妻を殺害したラロッシ・アバッラは、殺害現場の映像を載せたフェイスブックでそう宣言した。

したがって、アル＝スーリがその著作〔『イスラームのグローバルな抵抗への呼びかけ』二〇〇四年〕で欧米のムスリムの過激化こそが重要だとアルカーイダの指導者たちに説いた結果、二〇〇五年の戦略の変化を特徴とするジハーディストの新しい世代が出現したという考え方は疑問をいだかせる。(2) だいいち、アルカーイダはすでに一九九八年、「ユダヤと十字軍」に対する全面戦争を宣言して、欧米を直接攻撃する決心をしていた。欧米諸国にムスリム諸国への軍事介入をやめさせるのがその目的だった——逆の結果を生むことになったが。先ほども触れたように、私たちは戦闘員が徐々に変化していくさまを目の当たりにしてきた。中東出身の戦闘員（9・11の実行犯の大部分がそうだった）にとってかわっていったのは（フランスでは一九九五年以降、アメリカではもう少し後で）、「地元育ち（homegrown）」たちである。フランスのジャメル・ベハール、アメリカの

---

(1)『ダール・アル・イスラーム』第五号は、単独で活動する戦闘員に対して可能な標的はすべて殺害するよう呼びかけ、アルカーイダを名乗る改宗者マイケル・アデボラージョによる英国兵士殺害（二〇一三年）を引きあいにだしている。

(2) これはジル・ケペルが前出 *Terreur dans l'Hexagone*〔『グローバル・ジハードのパラダイム』〕で主張していることである。

ホセ・パディージャ、英国のリチャード・リード〔二〇〇一年靴爆弾計画の容疑者〕、スペインのジャマル・ズーガム〔マドリード列車爆破テロの容疑者〕などがそうだ。無差別攻撃と狙いを定めた攻撃はつねに共存していて、一方からもう一方へと移行したわけではない。二〇〇〇年ストラスブールのクリスマス市を狙ったテロ〔未遂〕、二〇〇四年マドリードのテロ、二〇〇五年ロンドンのテロ、これらは無差別殺人だった〔二〇〇四年ロンドンのナイトクラブを標的にしたテロは未然に防げたが、犯人は全員この国で生まれ育った人たちだった〕。アルカーイダの戦略は、アル＝スーリの本から採用されたのではなく、ただ さまざまな経験からみちびきだされたものだった。フランチャイズ方式のようにノウハウを新参者にあたえるやり方、個人的戦いの呼びかけ、9・11のような重い作戦ではなく手づくりの襲撃をくり返すこと、こうした手法は、アル＝スーリの著書が出る前にすでに確立していたし、このことはアル＝スーリ自身が述べている。実際、彼はマドリード列車爆破テロ事件〔二〇〇四年〕を模範的な行為としている[3]。彼はこの模範を一般化させ、普及させることを提案しているが、あくまでもアルカーイダの規範の枠内にとどまっていて、行動の場としてはムスリム諸国を優先させ、欧米人を罰してムスリム諸国への介入をおもいとどまらせる目的で攻撃をしかけることを説いている。アル＝スーリは、欧米に住むムスリムたちをリクルートの格好のストックとみなしてはいたが、文明の衝突や欧米の内乱には言及していない。

アル＝スーリの思想を理解するには、歴史学者ブリンジャー・リアが二〇〇七年にあらわした、翻訳を含む卓越した解説書〔原注3参照〕を読めばよいだろう。過激化をリサーチしている専門家たちは、過激派の若者でアル＝スーリを引きあいに出す者はひとりもいないという点で一致している。イランの研究者ホシャム・ダウォドは、クルド人が奪回した地域の図書館や資料を精査したところ、アル＝スーリに関する記述はまったくみつからなかったと言っている。さらには、アル＝スーリはダーイシュの英語版機関誌『ダービク』で、ムスリム同胞団と同じく激しい非難をあびている(4)。もしアル＝スーリがこの組織の理論家だったとすれば理屈に合わ

(3) Brynjar Lia, *Architect of Global Jihad: The life of Al Qaeda Strategist Abu Mus'ab al-Suri*, Londres, Hurst, 2007, p. 415. この著作にはアル＝スーリのもっとも重要な言説の翻訳が含まれている。

(4) Cf. *Dabiq*, n° 14.

ない。アル＝スーリは、二〇〇五年に出現し二〇一五年パリにおいて頂点にいたったとされる新しいジハードの理論家ではけっしてなかった。

中東とジハードの舞台におけるダーイシュの出現

ダーイシュに関してはさまざまなすぐれた研究があるので、(5) この現象の歴史を振り返る必要はないだろう。ただ、発端は二〇〇五年シーア派に権力をあたえたアメリカのイラク占領に対するスンナ派の反乱だったことは強調しておこう。ダーイシュの機関誌でつねにとりあげられ、称えられる重要人物は、アブー・ムスアブ・ザルカーウィーだ。ヨルダン人だが、イラクに根をもつ部族にも属していた。この人物は、アフガニスタンで戦ったアルカーイダのジハーディスト集団と連携していて、イラクのファルージャ地域に支部組織を創設した。また「解放」地帯にイスラームの拠点をつくることを拒否するビンラーディンを批判していた。ザルカーウィーは、ビンラーディンが説く地理的な根をもたないグローバル・ジハードの戦略は限界に達したとみなしていた。彼自身、肥沃な三日月地帯のスンナ派アラブ人であり、アルカーイダの指導者たちよりも、スンナ派アラブ人のつのる怨念が刻まれている地域の情況に対する思い入れが強かった。

スンナ派アラブ人は当然のことながら、近年の歴史によって裏切られたと感じている。一九二〇年にはかつてのオスマン帝国に由来する肥沃な三日月地帯の社会の権限を握っていたが、二〇〇三年にはスンナ派アラブ国といえるのはヨルダンだけになってしまった。時系列でいうと、彼らはレバノン（今日はシーア派と少数のキリスト教徒の手中にある）創立（一九四三年）を目の当たりにし、つぎに、パレスティナの領土を占拠したイスラエルの建国（一九四八年）に立ちあい、さらに、シリアが一九七〇年代からアラウィー派の支配下におかれ（一九八

(5) フランス語の著作としては Pierre-Jean Luizard, *Le Piège Daech*, Paris, La Découverte, 2015. 英語の著作としては William McCants, *The ISIS Apocalypse: The History, Strategy, and Doomsday Vision of the Islamic State*, New York (N.Y.), St. Martin's Press (Kindle Edition), 2015 と、Fawaz Gerges, *ISIS : A History*, Princeton (N.J.), Princeton University Press, 2016. 研究は必然的に共同研究になる。チームでの研究やネットワークでの研究によって、個々の研究者ごとに異なる言語の知識や地域に関する知識をもっとも有効に活用することができる。私個人としては、フィレンツェ欧州大学院の「中東方面」研究チームおよびフランス国立人間科学研究所に属する「過激化」研究ネットワークに参加している。

三年におきたスンナ派の反乱は体制側に粉砕された）、そして二〇〇三年、イラクはシーア派の手中におちた。イラク軍の解体で数千人の士官が市場に放出され、二十世紀の最後の四半期に中東に連続して押し寄せたイスラーム化の波のなかで、彼らはバアス党〔フセイン政権下で独裁的権力をふるった〕の帽子を難なく脱ぎ捨てサラフィー主義の帽子に代えた。アフガニスタンから戻ってきたジハーディスト戦闘員と地域の信徒たちとが合流し、そこに地域の権力維持のために政治的・イデオロギー的再編成のあいまを抜け目なく「わたりあるく」部族の長たちが加わった（このことが、のちに少なからぬ反ダーイシュ派をつくりだす）。彼らにとって主要な敵は欧米人ではなくシーア派である。

ダーイシュは、アルカーイダのこうした支流が変遷をとげて生まれた。ザルカーウィー（二〇〇六年に殺害される）はファルージャに創立した組織を「イラクのアルカーイダ」と名づけ、ついで二〇〇六年「イラクのイスラーム国家」（Islamic State of Iraq：ＩＳＩ）という名称があらわれる。二〇一〇年、この集団の指導者となったアブー・バクル・アル＝バグダーディーはこれを「イラクとシャームのイスラーム国」と改称した。シャームは「シリア」と英訳されたり（その場合略称はＩＳＩＳ）、「レバント」と訳されたり（略称ＩＳＩＬ）した（「イラク・レバントのイスラーム国」を意味するアラビア語の頭文字をとった名称が「ダーイシュ」）。二〇一四年、アル＝バグダーディーはカリフ制国家を宣言し、領土上の境界を消し去って、イスラーム国（ＩＳ）の呼称のみを使うようになった。

アルカーイダとの断絶

アルカーイダとの断絶は徐々に進行した。ダーイシュが優先したのは、ジハードを再び地域的なものにしてじわじわと広げていくことだった。これに対して、ビンラーディン、ついでアイマン・ザワーヒリーは、新しい集団を定着させると、最新兵器による軍事攻撃をうけやすくなるので、恐怖の戦争で欧米を十分に弱体化させるまでは、放浪のジハードにとどまるべきだと唱えていた。断絶のもうひとつの点は、異端者つまりシーア派に対する戦いである。アルカーイダはアル＝スーリと同じように、彼らが異端者であるとしても、彼らとの戦いは優先事ではないとみなす。ビンラーディンはつねづね、他のムスリムたちに背を向けるべきではないと主張していた。穏健派やシーア派にはまったく好感をもてないが、彼らを標的にするのは気晴らしにすぎないというのだ。逆に、ダーイシュはシーア派を主要な敵とみなしている。さらにアルカーイダは、イスラーム国イラクにおいて科される刑罰の残酷さを非難していた。それは主として他のムスリムに対するものだったからである。(6) ここではっきり分かるように、少なくとも最初は、グローバル・ジハードを主張していたのはアルカーイダである。同様に、欧米に対抗する世界的なイスラーム共同体を結成したいと考えていたのは、ダーイシュではなく、アルカーイダなのだ。

ダーイシュの当初の優先事は、アラブ世界におけるシーア派に対する戦いであり、欧米における戦いは欧米人の中東への介入をやめさせるためだった。二〇一五年、シリアのコバニで最初の敗北を喫してはじめて、ダーイシュにとって欧米での戦いが組織を維持するための最後の希望になった。これなら欧米諸国の若者を動員すればすみ、シリアまで来させる必要はなくなる。要するに、ダーイシュははじめはアルカーイダの見解を拒否し、のちにそれをとりこんだのである。

アルカーイダとの断絶を決定的にしたのは、二〇一四年のカリフ制国家宣言である。まずこの「一撃」で、ダーイシュのアル＝バグダーディーがアルカーイダのザワーヒリーより上位に立ったからだ。しかし、それ以上に、アルカーイダにとってカリフ制国家は時期尚早だった。条件はまだそろっておらず、カリフ制国家の崩壊は目にみえていた。そうなればかえってイスラーム共同体の士気を挫くだろう。そもそもビンラーディンは国家の概念にふみこむことに反対していた。彼にとって、イスラーム国家の創立を云々するよりも、アメリカを跪かせるほうが優先事だったのである[7]。

グローバル・ジハードへの参入　ともあれ、こんどはダーイシュが二つの仕方で世界規模のジハードに踏みこむ。第一に、国際的な「ジハード部隊」を結成して、シリアの最前線で戦い、規

(6)　Fawaz Gerges, *ISIS*, *op.cit.*, p. 88, 225 et 226.

(7)　「われわれは国家を基盤にして人びとを統治することはできない。人びとが必要とするものをすべてあたえることはできないし、とりわけ、われわれの国家は貧しい人びとの国家になるだろうからである。それればかりか、もし世界がわれわれに対抗する戦線を結成するならば、われわれは敗北する恐れがある。そうなれば、人びとは希望を失い、ジハードは無益だとおもいはじめるだろう」（ウサーマ・ビンラーディンの言葉。William McCants, *The ISIS Apocalypse*, *op.cit.*, p.936–938）。

模はやや劣るがイラクでも戦う。第二にカリフ制国家を宣言して、アルカーイダのローカルな組織を世界規模のジハードの中心および司令部に変身させる。ダーイシュが発揮した才腕（それはおそらく致命傷になるだろうが）は、ごく範囲のかぎられた地域的な要求（アラウィー派、シーア派、クルド人のあいだにスンナ派アラブ人の空間をつくること）と、グローバル・ジハードとを関連づけたことにある。ダーイシュの精神的指導者アブー・バクル・アル＝バグダーディーは、こうしてカリフ制国家を宣言した（これは一九二四年〔トルコ初代大統領アタテュルクによるカリフ制の廃止〕以来の新奇な出来事であり、ビンラーディンやムハンマド・オマル〔ターリバーン創設者〕もそこまではしなかった）。この宣言は、ムスリムであれ改宗者であれ、欧米化した若者たちに大きな影響をあたえた。彼らは中東情勢の複雑さには関心がないが、ダーイシュの概念に依拠すれば、実際にはどこの社会にも同化していないにもかかわらず、ムスリム共同体の前衛として生きることができる。とくに英国では下地ができていた。周知のことだが、この国ではヒズブ・タフリール（「解放の党」）が、大学のキャンパスで未来のカリフ制国家について激烈な調子でプロパガンダをおこなっていた。

ターリバーンが創設したアフガニスタン・イスラーム首長国（一九九六年）とは異なり、ダーイシュにとって、国境やそれに付随する外交交渉をともなう国民国家という概念を認めるのは論外である。この意味では、「イスラーム国」という呼称は虚像でしかない。この構想はムスリム同砲団のものとは似ても似つかない。ダーイシュのカリフ制国家は、どんな交渉もうけいれることができないのだから、膨張つまり戦争によってしか存在しえないのだ。

だからこそダーイシュはプロパガンダに惹きつけられた若い外国人をとりこむことができるのであり、おまけに、そのプロパガンダは徹底して「若者」文化の規範にのっとっている。若者たちがやってくるのはシャリーア（イスラーム法）の普及のためではなく（地域社会から切り離されている彼らには不可能だ）、戦うため——とくに自爆テロをおこなうためである。二〇一一年以降、誰が誰やら分からぬまま多くの若者がシリアに向かった。アルカーイダに忠実なアル＝ヌスラ戦線とダーイシュとを、どうして区別できるだろう？　二〇一三年シリアにわたったストラスブールの集団が地域の報復合戦にまきこまれ、ダーイシュとアル＝ヌスラ戦線との戦闘で二人の兄弟が死亡した。グループの指導者はアル＝ヌスラ側につき、他の人たちはダーイシュにとどまった。ともあれ、ダーイシュの威光はたちまちにして他を圧倒する。そのコミュニケーション力、数々の成果、若者文化に適応し、彼らを心酔させる手腕は他に類をみない。市場でダーイシュ・ブランドが優勢なのは、顧客、つまりジハードを希求する若者の決意に寄り添っているからだ。くり返しになるが、ダーイシュはモレンベーク（ベルギー）やストラスブールまで若者たちを探しにいくわけではない、彼らのほうからやってくるのだ。それから実際に接触して、密な関係が確立する。ダーイシュの幹部の一部はシリアに住んでいるが、彼らはリクルーターというよりは戦闘開始の合図を発する役割をはたす。こうして若い志願兵たちは、ダーイシュの優先事に対応するさまざまな役割をあたえられる。

二〇一五年から、そして占有地での退却がはじまってから、グローバル・ジハードがダーイシュの優先事となる。組織のナンバー2、アブー・モハマド・アル＝アドナニが指揮をとり、欧米の国々において（そればかりかアジアの国々にも拡大）最大限のテロ攻撃をおこすことを目標にしていった。外国人志願者たちはいまや訓練後に自分たちの出身国にもどされる。(8) この戦略の限界、それは人的資源だ。こうなるとテロ攻撃はあくまでも身近な範囲にとどまらざるをえない。自分のいる場所、あるいは土地勘のある場所が標的となるのだ。ダーイシュはフランス、ドイツ、英国を同時に叩きたかったのだが、志願兵の数はフランスがいちばん多かった。つまり、ダーイシュの本来の戦略よりも戦士のストックの大きさのほうが重要であり、手持ちでやりくりするしかない。要するにダーイシュの目的は、最低でも自分たちへの介入を阻止するために、欧米を跪かせることのようだ。彼らの標的に関しても犯行声明のなかでも、欧米においてムスリムと非ムスリムとの内乱を示唆するものはない。非ムスリムがムスリム攻撃にうってでるようにしかけることで、ダーイシュが戦争を企んでいるなどという想定にはまったく根拠がなく、現実というよりはミシェル・ウエルベックの小説ふうの幻想への埋没にすぎない。ニース襲撃の犠牲者の三分の一はムスリムの出自であったことをおもいおこしてほしい。また、ダーイシュの機関誌『ダービク』第十五号には、鉄と火によってすべてのキリスト教徒をイスラームに改宗させることがこの戦争の目的だとする長文の記事が載っている。こうなるとすで

(8) もとドイツ人志願兵だった改宗黒人ハリー・サルフォへのリュクミニ・カリマチによるインタビュー(«How a Secretive Branch of ISIS Built a Global Network of Killers», *The New York Times*, 3 août 2016)。

に戦略ではなく、妄想にほかならない。

解消しがたい矛盾（現時点では）　問題はいまや、ダーイシュが国際的モデル（カリフ制国家）と「ローカルな首長国」というモデルを両立させることがもはやできないことにある。スンナ派の人びとにとってはどちらかといえば、バグダードとダマスカスを再征服してスンナ派国家連合を形成する、あるいはシリアとイラクとのあいだに自分たち自身の国家を建設することが理にかなっている。この要求は国際社会のかなりの部分にとって交渉可能なものだろう。たとえばシリアのアサド大統領の退陣を要求し、イラクを連邦主義国家とし、さらには新しい国家連合を建設すべきだと提唱されている。それは一般にうけいれられている政治的・外交的論理（国家、領土、国民、国境）の枠内にある。だが、グローバルなカリフ制国家という概念のほうは、つねに膨張し、異端者や不信仰者（カーフィル）に対してはいっさい妥協せず、ジハードとテロ攻撃を世界中でくり返すものなので、新しい国境についてのどんな交渉も不可能になる。欧米も正真正銘のテロリストとなることが確実な国家の誕生をうけいれるはずがない。このためダーイシュは選択を迫られているが、いまのところ選択できずにいる。それでテロリズムをやみくもにおしすすめているが、もういっぽうでは「ローカルな首長国」と「グローバルなジハード」が危機におちいっている。

地域的には、ダーイシュが領土的に限界に達したことで、国際テロリズムはエスカレートした。北部はクルド人に阻まれ、東部はシーア派イラク人が占め、西側のアラウィー派の地はロシアの軍事介入によって守られ、拡大している。パルミラ〔シリア中央部の遺跡〕がシリア政府軍によって奪回されたことは、力関係が変わったことをしめしている。南部では、ダーイシュはレバノンもヨルダンも突破できず、二〇一五年一月、ヨルダン人のパイロットが残虐な仕方で殺害されたことが愛国心をかきたてた。そのうえダーイシュは、部族的性格がきわめて強い地域の基地と、「国際化」への呼びかけとをなかなか結びつけることができずにいる。その深い矛盾は、スンナ派アラブ人という地域の集団の利益を代表し、それでいながらグローバルなジハードを呼びかけることにある。

ダーイシュはこの二つの側面をよく自覚している。いっぽうでは人びとを部族から脱却させようとし、もういっぽうでは部族を動員しようとしている。けれど、これからみていくように、部族とジハーディストとのあいだには、きわめて密接できわめて複雑な関係がある。

イスラームの空間と部族の空間

ビンラーディンは、部族への攻撃を戒めていた（シーア派を標的にしてはならないのと同様に(9)）。アフガニスタン滞在の経験を経て、彼はものごとをわきまえて発言するようになった。『ダービク』誌はしばしば部族に関する多数の文書をあげているが、それは部族を認めるためでもあり、部族からの脱却をうながすためでもある。

アブー・バクル・アル＝バグダーディーはこう述べた。

「だから、さあムスリムたちよ、きみたちの国家に駆けつけよ。そうだ、それはきみたちの国家なのだ。駆けつけよ、シリアはシリア人のものではなく、イラクはイラク人のものではないのだから。国家はすべてのムスリムのためにある。大地はすべてのムスリムのためにある。ムスリムよ、イスラーム国家へのヒジュラ（移住）は義務なのだから、だれであれ、どこにいようと、移住できる者は、実行せよ」。

この呼びかけは、部族に対する手厳しい批判へとつづいていく。

「そこでは、部族がジャーヒリーヤ（無知の時代）の影響下にあり、いまだに狂信者の頭をもった身体のごとく、もしくは傲慢な部族のならずもの気質により気が狂ったギャングのようにふるまっている」[10]。

（9）「同様に、アラビア半島のアルカーイダはローカルな統治者に対する攻撃を避けるべきだ。ビンラーディンは『部族の人は誰ひとり殺すな』と彼らに忠告する。部族は国家建設計画の中心的役割をはたす、彼らの支えがなければ失敗するだろうと考えていたのだ。『ムスリム国家を建設する前に、強力で大きな影響力をもつ部族の支援を得なければならない』と彼は述べている」（William McCants, *The ISIS Apocalypse*, *op.cit.*, p.900）。

（10） *Dabiq*, n° 3.

部族、ローカルなイスラーム首長国、グローバル・ジハードの関係はきわめて興味ぶかい。実際、この三つの概念は相互に矛盾しているようにみえる。イスラーム首長国はもともと部族の組織形態や慣習を否定しているし、グローバル・ジハードには地域化の意図はまったくなく、部族にとっては新しいイスラーム国家機構に吸収されても何の利益にもならない。しかしながら、一九九四年からターリバーンの台頭に並行してアルカーイダが頭角をあらわしたことがしめしているように、ジハードのグローバル化と脱地域化は、地域を拠点とするジハードのローカルなモデルの発達と同時に進行した。地域規模のジハードはきわめて柔軟で、国際的な戦闘員に避難所を提供し、情況に応じて中枢部と連携する。二〇一四年まで中枢部を代表していたアルカーイダにとってかわったのが、ダーイシュである。これらのイスラーム首長国（シナイ半島、ボコ・ハラム、マグレブやアラビア半島やイラクのアルカーイダ……）は、当然ながら戦略地政学上のローカルな再編成に中心的な役割をはたしている。その歴史はまだ浅く、研究らしい研究はほとんどなされていない。

私自身、こんな体験をした。アフガニスタンの対ソ戦争の期間、私は同国クナール川北部のヌーリスターン人居住地とパキスタンとの国境をよく通過したものだった。ヌーリスターン人は魅力的な人たちで、イスラームに改宗したのはさほど昔ではない（十九世紀末）。一九八五年、パキスタンとの国境（といっても国境をしるすものは何もなかったが）を越えて、最初の村で私はジハード戦士《ムジャーヒディーン》の検問にあい、創設まもない「イスラーム国家」のビザを所持しているかどうか尋問された。結局、臨時ビザの発給をうけて、このイスラーム首長国内をあるきまわった。私はすでにこの地方をよく知っていたので、このイスラーム首長国の領土範囲がきわめて明瞭であることを知るのに、さほどの時間はかからなかった。カティ部族の領地だったところだ。けれど、部族の有力者たちは姿を消していて（殺害されたか投獄されたのだろう）、宗教指導者アフザル師にとってかわっていた。部族の行事がとりおこなわれる場所で、イスラーム法（シャリーア）が国家の法律として宣言された（そして、彫刻が施された美しいモスクはセメントの立方体におきかえられ、その屋根にはサウディアラビア風の塔が立った）。このモデルは他の場所においても用いられることになる。十年後、ターリバーンによってとりこまれ、そして、パキスタンの部族地域に根をおろしていった。

その後三十年間、イスラーム首長国はパキスタン、イエメン、サヘル（ボコ・ハラム）にまで伸張し、ダーイシュの出現とともにイランとシリアでみごとな存在感をしめすにいたる。不思議なことに、シャリーアの原則にもとづいて成立したイスラーム首長国はいずれもきわめて部族色の強い地域につくられている。どの首長国も既存の国境を認めず、非合法の経済と繋がりをもち、そのなかで闇の売買が大きな役割をはたしていた。国境の否定はその操作と一体化しているのだ。これらイスラーム首長国のパラドックスは、そのおかげで首長国内部の小集団（部族、分派、さらには民族）が、国家の枠をとびこえて密貿易、移民、ジハーディズム、サラフィー主義によるグローバリゼーションと直結できることである（あらゆる原理主義についていえることだが、それはグローバリゼーションがもたらす脱文化にもっともよく適応した宗教性のかたちである）。

結局のところ、伝統的区分、部族主義（広い意味での）と、イスラーム共同体の名による国家を超越した呼びかけとがあいまって、既存の国境というものに異議を唱えているかのようだ。

細分化された社会集団と、超国家的な要求とのあいだにある恒常的な緊張、これこそが原理主義運動に普遍的に存在する要素なのである。けれど、これら首長国の拡大が注目をあつめるのは、それが過激派にとって聖地になりうるとみなされるからである。だが、その活動そのものは等閑視されている。

中東の戦略地政学に固有の論理

二〇〇七年に上梓した著書『成長と混乱』のなかで、私は中東における真の亀裂はもはやパレスティナ紛争ではなく、イランとサウディアラビアとの構造的な対立によって生じたシーア派とスンナ派との分極化であると指摘した。イスラームの二大宗派の世紀の争いのことではまったくない。一九七九年までには、それは問題ではなくなったようだったが、イラン革命がすべてを一変させた。(11) この二つの国は、当然ながら、対決を宗教的に解釈した。サウディアラビ

(11) ここでは私の過去の論考の一部を使用した。より詳しい内容についてはつぎを参照してほしい。Olivier Roy, «La logique des recompositions au Moyen-Orient», *Le Débat*, n° 190, mai-juin 2016.

アは、問題は異端に対する戦いであり、したがってサラフィー主義の推奨は王国の外交政策にとって欠かせないと判断する。イランのほうは、保守的な体制に抗って「アラブ街」を蜂起させるという夢を放棄して、シーア派と近接する諸派（アラウィー派、ザイド派）とを団結させ、地域紛争の仲裁者としてふるまうことをめざす。それは中東における内部紛争であり、ムスリム同士を対立させている。同盟関係がたえまなく覆されるのはこのためだ。核計画とヒズボッラー支援のせいで二〇一二年まで最大の敵とみなされていたイランは、いまやダーイシュに対峙する欧米の事実上の同盟者である。かたや、欧米の得がたい同盟者だったサウディアラビアは、サラフィー主義を支援したことで厳しい疑惑の目を向けられるようになったが、経済的にはあいかわらず欧米の重要なパートナーでありつづけている。

ダーイシュはこの紛争において主要な役割をはたしてはいない。ただ紛争に乗じて、アメリカの軍事介入によって生じた空白に入り込み、スンナ派アラブ圏の不満をとりこもうとした。だが、ダーイシュはもはや限界にきている。ダーイシュに加わろうという志願兵は、パレスティナやレバノンからも、エジプトやリビアやサヘルからもやってくるが、それは個人ベースでの参加だ。エジプトやリビアやサヘルにおけるダーイシュの前線は、以前にアルカーイダがおこなっていたように、自分たちの戦いをよりよく繋ぎあわせるための便宜的な結集にすぎない。これらの集団はダーイシュが消滅しても存在しつづけるだろう。さらに、外国人志願兵たちと、シリア、そしてとくにイラクの地元の人びととの関係は、友好的とはとても言いがたいようだ。

ではダーイシュはなぜ持ち堪えているのか？　ダーイシュが持続している基本的な理由は、地域的にも国際的にも、ダーイシュを最大の敵とみなす強国がひとつもないからだ。多くの人びとにとってダーイシュはちょっとした悪でしかない。いちばん脅かされているクルド人は、アラブ人との新しい境界を防衛し、維持することだけを望んでいて、モースル〔イラク北部の中心都市〕が再びイラクの中央政権のふところに入ってほしくないとおもっている。イラクのシーア派にとって、イラクからダーイシュを追放することは、スンナ派と権力をわかちあうことになる。シーア派イラク人の多くは、シーア派イラクを聖域化したいとおもっている。トルコにとってその根本的な脅威は、クルディスタン労働者党（ＰＫＫ）がシリア北部にミニ・クルディスタン

〔クルド人の土地〕をつくり、その後方基地を拠点にトルコ内でふたたびクルディスタン創設運動をおこすことであり、トルコはその懸念をいっさい隠していない。ダーイシュを打破すれば、クルド人とシリアの体制（シリアは一九九〇年代にＰＫＫを保護していた）が強化されることになる。サウディアラビアにとっては、主要な敵はイランなので、ダーイシュが敗退すればバグダードからダマスカスを経てベイルートにいたるまでの広大なシーア派枢軸ができることになる。

イランにとっては、ことはより込み入っている。ダーイシュはイランを脅かす存在ではないが、その同盟者（イラク、シリア）にとっては脅威であり、両国はイランの助けがなければ持ち堪えられない。かりにダーイシュが消失してしまえば、イランは同盟者にとって不可欠な後ろ盾の役割を失うことにならないだろうか――とくに、ダーイシュの敗北によってシーア派とスンナ派との対立が味気ないものになり、イランをペルシアの伝統へとひきもどすことにならないだろうか。

シリアにとって、ダーイシュは有用だ。おかげで自分たちの体制が欧米人の目にさほど悪いものに映らなくなるからである。イスラエル人にとっても、ダーイシュは好都合な存在だ。シリアの体制は彼らにとってもはや脅威ではなくなり、ヒズボッラーはシリアにおいて他のアラブ人たちと戦うのに消耗している。ロシアにとっては、中東にふたたび足場をつくるよい機会だ。そして、アメリカがこの地域に軍隊を派遣しないという決定をしたことで、ダーイシュはさほど深刻な問題ではないという甘い見方がでてきた。

しかしながら、これら大国の消極性がダーイシュの瓦解を遅らせた。地域的には、カギになるのはスンナ派アラブ人たちとの連携である。これまで鎮圧されてきた部族の反乱がいまやあてにされている。同様に、ダーイシュの戦争機械は魔力を失いつつある。アメリカの空爆と地域の戦闘員とのほどよい連携が功を奏している。

これまでみてきたように、中東の紛争は本質的に地域的なもので、ひとつの文明内にせよ、複数の文明がかかわるものにせよ、地球規模におよぶ戦争ではまったくない。グローバル・ジハードは中東の紛争とは分断されていて、それがダーイシュの戦略の分析をより難しくしている。私の目には、ダーイシュは二つの方策のあいだで躊躇しているようにみえる。ひとつはアルカーイダの戦略を踏襲する、つまり欧米にムスリム世界への介入をおもいとどまらせること（いざというときには、あえて介入するようしむけたうえで、アフガニスタンやイラクにおけるように欧米の軍隊を泥沼に追い込む）。もうひとつは、カリフ制国家の領土の拡大と、衰弱した欧米文明を内部から崩壊させるためのテロ攻撃とを連結させること。ダーイシュは、欧米の将来を悲観視するすべての人たちにとって理想的な敵だ。ではなぜ欧米は衰弱の一途にあるとみなされるのだろう？

結論　アル＝ゴドーを待ちながら＊

ダーイシュの力は、私たちの恐怖心に乗じる手腕である。そして、その恐怖心は、イスラームに対する恐怖心である。テロ攻撃の唯一の戦略的インパクトは心理的影響だ。テロは欧米の軍事力に打撃をあたえていない（軍事費削減をとめることで、軍事力の強化をうながしてさえいる）。経済にあたえる影響もとるにたらない。欧米の諸制度が危機に陥っているのは、セキュリティと法治国家との乖離に関する際限なき議論でもって、私たちが自分たち自身の制度を俎上にのせているという意味においてである。恐れ、それは、私たち自身の社会の内的破裂に

＊訳注　サミュエル・ベケットの戯曲『ゴドーを待ちながら』をもじった表題。奇跡的解決法は存在しないことを暗示している。

対する恐れであり、ムスリムと「その他」との対立を想定した内戦に対する恐れなのだ。人びとは、バグダード西郊からパリ東郊にいたるエリアを誇大にズームアップした戦略地政図のなかを行きつ戻りつし、「ムスリムのアラブ」という主題が怨念のなかで地歩を占める共通の上空を飛びまわる。イスラームの先天的なソフトウエアがそこで機能していて、私たちの陽気な現代性への接近を禁じているかのようだ。人びとはそんなわけで、イスラームは何を求めているのか、イスラームとは何なのだろうかと思考をめぐらせるのだが、そうしたイスラーム世界は存在せず、ウンマ（イスラーム共同体）は最良の場合でも非常に敬虔な誓いで最悪の場合は幻影であること、紛争は何よりもまずムスリム間の対立であること、民族問題はあいかわらず中東における要《かなめ》であり、社会問題は同化の要であること……を完全に見落としている。そのうえ、テロリストをみちびいているのは、理想郷《ユートピア》ではなく、死の希求なのである。

ダーイシュが晒している唯一の脆さは、私たち自身に帰せられる脆さだ

ダーイシュは、アルカーイダや他の多種多様なジハーディストたちと同様、欧米の敗北と再征服という、壮大な空想の世界を構築したことはたしかだ。それは終末論、マルクス主義、ナチズムといったありとあらゆるイデオロギーと同じように巨大な幻想である。しかし、二十世紀の大規模な世俗的イデオロギーと異なり、ジハーディズムは社会的にも政治的にも非常に狭い基盤しかもっていない。人衆を動員することもないし、少数の人たちを惹きつけているだけだ。郊外のムスリムの若者たちのなかに、十九世紀の「危険な階級」〔パリの貧困層をさす。ルイ・シュヴァリエ『労働階級と危険な階級』（みすず書房、一九九三年）参照〕をみようとする人たちもあるかもしれない（もっともその危険な階級も、一世紀のあいだに福祉国家にとりこまれた）。イスラームのなかに、ドイツ人の大部分を動員してのけたナチズムのような、ムスリム世界の群集を突き動かすイデオロギーをみてとろうとする向きもあるかもしれない。そして、とりわけ、いわゆるサラフィー主義化した地域の人びとと、中東で反乱しているムスリム大衆との合流を頭にえがく人たちがいる。このとてつもない幻想は、とくに欧米の終焉という悲観的な破局論の宗教バージョン（サラフィー主義が反乱のイデオロギーとみなされて）とむすびつけられているが、他方、抑圧された人びとやポストコロニアル時代の人びとの反乱という点を強調する世俗バージョンも存在している。

ダーイシュが、内部からの抵抗によって弱体化した欧米に対抗するために、世界中の「イスラーム」を結集できるなどと考えるのは、ただ単にダーイシュの幻想にはまりこんでいるだけだ。そうなると、どんな反乱や抗議も、たとえまったく正当なものであっても（たとえば人種差別や警官の暴力に反対する運動）、ただ当事者たちの出自だけを根拠に、すぐさま「イスラームの」という常套語をつけられてしまう。もちろん、いろいろな想像は相互に交差しあっている。不公正や「ダブルスタンダード」への反感はまちがいなく存在するし、警官や人種差別やレッテル貼りに対する怒りや被害者意識があるのも事実だ。それは個人的変革の要因にはなるが、集団的な運動としての共感や共闘をつくりだすことはない。親ダーイシュの「ソフト」な戦い（アジやビラや街頭デモ）というものは存在しない。典型的な例として、ニースのテロ攻撃と、ボーモン＝シュル＝オワーズの抗議デモ（二〇一六年七月十四日、十九日）とをかさねてみればよい。いっぽうはひとりの男による大量殺人だったが、もういっぽうは警察に尋問されていたひとりの男が殺害されたことに対する抗議デモで、司法の介入つまり国家機関の認知を要求した。テロリストたちはこの不公正には言及していないし、デモの参加者たちは自分たちの主張とダーイシュとのあいだに関連があるとはほとんどおもっていない。ちょうどエル・コムリ労働法案〔七六頁参照〕に抗議するデモ隊が、非常事態宣言に反するとはおもっていないのと同様である。*テロ行為と、こうしたデモの参加者たちとは別の次元のもので、両者を繋ぐものは何もない。

ダーイシュの主張を文字通りにうけとることは、どんな政治的動員も（肥沃な三日月地帯のスンナ派アラブ人の動員も含め）文明の次元でとらえることを意味する。となれば、現在進行している宗教的変化が理解不可能になってしまう。いまおきているのは、まさしく宗教が文化から切り離される動きであり、この分離がいたるところで大きな緊張の源になっている。しかも、そのためにイスラームは他の宗教との対比、とりわけ世俗主義との対比によってみずからをとらえなおすことを迫られている。

すでに触れたように、中東の紛争は二〇一一年以来、東洋と欧米との対立を反映するもので

＊訳注　二〇一六年のエル・コムリ法案反対運動は、その前年におきたパリ同時多発テロの際に出された非常事態宣言下で生じた。

はなくなっている。「アラブの春」は、チュニジアを除けばどの国でも内戦のかたちをとり、軍事独裁は内戦の暫定的な変形にすぎない。中東の重大な亀裂、すなわちシーア派・スンナ派の対立は、今日イスラームにとって内的なものである。イスラーム国家という計画はいたるところで挫折し、呪文や戦争にうんざりしたイスラーム社会は事実上世俗化している（イランはいまや中東でもっとも世俗化した国家だ）。宗教の領域は、文明的なまとまりをしめすどころか、かつてなかったほど分断されている、あるいはむしろ多様化している。さまざまな集団（サラフィー主義、ムスリム同砲団、スーフィー主義、堅苦しいイスラーム、リベラルなイスラーム、好みに合わせたイスラーム、ウェブサイトのイスラーム、あらゆる意味での改宗）の競合を目の当たりにすると、同質性をもつムスリム文化に対峙しているという幻想は打ち砕かれる。

にもかかわらず、文化的本質主義が、いまほどイスラームに適用されたことはなかった。ムスリムの名をもつ人のネガティヴな行為は、すべてイスラームのせいにされるが（たとえば、殺人という狂気の沙汰におよぶほどのセクシャル・ハラスメント）、非ムスリムの行為ならば、入念に個々人の問題として扱われる。ところが、私たちが大量殺人の世界に入り込んだことはたしかで、ノルウェーの大量殺人犯ブレイビクや、ジャーマンウイングス機の副操縦士による墜落もその一端を占めている。

テロ攻撃はイスラームの「フォーマット化」を促進する

欧米における人種主義的・宗教的緊張の高まりと、欧米そのものを瓦解させるといわれる内戦とのあいだには、きわめて大きな相違がある。結局、ダーイシュは、欧米で内戦がおこるとおもっている人たちと同じような妄想にとりつかれている。すべてが物語っているように、テロリストの若者と欧米のムスリム大衆とのあいだの溝は、シャルリー・エブド襲撃以来ますます深まっている（ムスリムのあいだでは、シャルリー・エブドにあるていどの理解をしめす態度が表面化している）。つまり、末期のアルカーイダのテロや、ダーイシュの最近のテロにおいては、標的には意味がなく、目的は恐怖や戦慄をひきおこすことなのである。逆接的に、これらのテロ攻撃は、私がイスラームの「フォーマット化」と呼ぶものを加速させている。フォーマット化とは、欧米という環境のもとで、さまざまの圧力（嫌イスラームをも含む）と、「共和制のテーブル」へのいざないとが混在するなかで、この宗教を再定義する必要性をさす。〔サン＝テティエンヌ＝デュ＝ルヴレ教会テロ事件で〕アメル神父が殺害された後、その追悼ミサに参列するということは、保守的ムスリムにとって当然の行為というわけではないが、それでも多くのムスリムがそうした。もはやこうした事件が自分たちには関わりのないことだとも、自分たちが一番の犠牲者だともおもえなかったからだ。尊敬されているムスリムの聖職者たちは、今日イスラームの「改革」を口にしているが、当然ながらその改革は聖職者だけがになうもので、イスラーム研究者や政治家たちが口をさしはさむべきことではないと強調している。ひとつつけくわえるなら、ボルドーのムスリム指導者タレク・オウブルーが述べているように、改革をなしえたとしても、過激派の占める領域はそのままだろう。過激派とはイスラームの教典をきちんと読まなかった若者たちではなく、まず過激主義を選び、ついでそれをイスラームという枠組みにとりこんだ反逆者たちだからである(1)。

こうした「改革」の利点は、社会的上昇を遂げたムスリムたちに宗教的視野をあたえ、その結果として、ダーイシュに物言わぬイスラーム共同体を代弁しているかのような発言をさせないようにすることだ。宗教改革とは、宗教性についての新しい要求、すなわち社会的変化をともなわないかぎり、地に根を張ることはないからだ。ところが、ヨーロッパに住むムスリムの社会環境はきわめて大きな変化を遂げつつある。ムスリム出身の中間層の増大と新たなエリートの出現は、世俗社会に適応した宗教性の新しいあり方をもたらす（過激派のなかに第三世代がほとんどいないのはこのためだ）。こうしたイスラームはかならずしもリベラルではないが、現代社会と共存可能なのである。

危機的状況がつづく二つの領域——地域とモスクのイスラーム　地域の危機はまちがいなく現実に存在するが、サラフィー主義者の攻撃によって共和国が追放されたのではなく、共和国が身をひいたのである。地方において国家を代表する公務員は副知事（県の副長官）だけだが、その任期が短いせいで（約二年、もっと短いこともある）、継承性がまったく保障されない。新しい

（1）　Tareq Oubrou, «Croire que réformer l'islam va éradiquer la radicalisation chez les jeunes, c'est se faire des illusions», *Le Monde*, 4 août 2016.

副長官が就任するとまずメーターをリセットしてしまうからだ。国家の代表者はもはやコンミューン（市町村）の長だけになってしまうが、コンミューンの長は共和制の秩序を守ることとは別の問題をかかえている。*どこの長も人気取り政策をするために、地域の管理を媒介機関にゆだね、そうした機関にとっては共同体主義《コミユニタリアニズム》をとりこむほうが楽である。公共サービスは後退し、学校は社会の現実から乖離した非宗教性《ライシテ》の言説を呪文のようにくり返している。地域警察と総合情報局（旧諜報機関）（最悪も最善も代表していた）とが分離されて警察は蚊帳の外におかれた。犯罪対策班（BAC）の仕事は犯罪の防止ではなく狩猟であり、若者にとってこれが警官の唯一の顔である。「政治」はつくりなおさなければならない。

制度化したイスラームが危機におちいっていることは明らかだ。問題はかならずしもサラフィー主義ではなく――サラフィー主義は空白を埋めている――イスラームのイマーム（指導者）とムスリムの新しい中産階級との隔たりである。モスクの最大の問題は、フランスの若いムスリムにとっての生業としてのイマームの危機である。報酬が安く、仕事はきつく、さして威信がないイマームの職につきたがる者は多くない。その意味では、フランスのイスラームは、カトリシズムと同じ問題に直面している。カトリック教会は発展途上国から位の低い聖職者を呼び寄せている。宗教社会学者ロマン・セーズが指摘しているように、メディアに登場するカリスマ性のある人や、しっかりした学識をもつごく一部の人を別とすれば、イマームたちのレベルは、神学についてもフランス語についてもおそまつなものだ。彼らの社会的ステイタスが軽んじられているからである。セーズは臆せずに語っているが、モスクで影響力のあるイマームは稀にしかいない。モスクの有力者は地域のムスリム団体のトップで、たいてい商人や地元の名士である。(2) 格下げされた職業の常として、イマームになるのは真の移民、つまり初代移民である。文化的観点からすれば、イマームと新しい世代との隔たりは広がるばかりだ。知識も資格もあり、社会に完全に同化しているイマームのしっかりした組織があるとすれば、

(2) Romain Sèze, *Être imam en France*, Paris, Cerf, 2013.

＊訳注　フランスではそれぞれの行政区画に国の代表者が存在する。県の場合は県長官（県知事）だが、具体的政策で直接市民に向きあうのは副長官である。コンミューン（市町村）の長は国の代表者であるとともに、地方自治体の代表者を兼ねる。

それは軍隊である。軍人は社会的ステイタスをもち（士官）、まともな賃金をうけとり、国家機構によって認められ、尊重されている。さもなくば、バカロレア（大学入学資格）取得後、五年または八年の学業を積んだ人が、月収五百ユーロ、組織が提供する二部屋ほどの住居、信者たちからのささやかな贈り物という条件で、郊外に移り住む気になるだろうか？「イマームを養成しよう」――新しいスローガン――は、資格もちの若者にそっぽを向かれているかぎり意味をなさないが、それが今日の情況なのだ。若者をこの職業に惹きつけることが肝要だ。それには、地域の宗教団体を強化し、フランスのムスリムを庇護してくれる人びとをまきこまなければならない。そして当局は、イマームを訓戒したり、逆にみすぼらしい服装でフランス語もろくに話せない「善良で穏健なイマーム」をもちあげたりするような、ポストコロニアル時代の押しつけがましい政策をやめなければならない。

現代化は宗教学的問題である前に社会学的問題だ

行政機関のほうもましとは言いがたい。歴代の内務大臣は二十五年前からフランスのイスラームを確立したいと言明してきたが、二十五年前からイスラームの問題をモロッコとアルジェリアとチュニジアに託しっぱなしで、この三国はいずれも同化政策に否定的見解をしめしている。二〇一五年九月、フランス政府はモロッコと協約をかわし、フランス人イマームの養成をモロッコに委ねた。翌二〇一六年七月、同じ政府がフランスのイマームはフランスで養成すべきだと表明した。いったいどうしたいというのか。

フランス式の非宗教性《ライシテ》では、ことはうまくはこばない。公共の場から宗教を追放したため、宗教は周辺部《マージナル》や過激派に追いやられた。マージナルであることを望んでいるサラフィー主義者には好都合である。名士や中産階級のイスラームは逆に、認知され、制度に組みこまれ、存在感をしめすことを欲している。こうした願望にどう応えたのか？ 大学でヒジャブの着用を禁じることで！ こうして、未来のエリートたち、学歴があり社会に同化し、「実践的」で穏健なイスラームをつくりだすことのできる人たちにまで干渉しているのだ。刑務所付きの教戒師のケースは興味ぶかい。刑務所は過激派の思想の伝播の格好の場所であることはよく知られている。長年にわたって、行政はムスリム教戒師についてはっきりした態度をとらずにいた。それが教戒師のうけいれに原則的に同意したのだが、そのとたんフランスの非宗教性《ライシテ》という典型的な問題にぶつかった。布教活動にならないように、聖職者のほうから囚人と直接接触することは禁じられているからだ。聖職者との面会が囚人の側からの要求であれば、そのかぎりではないが。言うまでもなく、過激派がそんな要求をすることはないだろう。

「脱過激化」という語を呪文のようにくり返すのはやめるべきだ　宗教は、いかなるものであれ過激化や脱過激化の道具ではない。宗教はそれ自体の尊厳をもち、社会的でも地域的でもない、固有の精神的空間をつくりだしている。宗教は現に存在している。世俗主義は宗教を崩壊させるどころか、特別扱いにしてしまった。宗教の実在を認めたうえでやっていくしかなく、フランスの一九〇五年の法律（政教分離法）はそのための最適な枠組みを提供している。その文言と精神が尊重されてはじめて、この法律は活かされる。

過激化には数々の複雑な原因があるが、結局のところひとつの選択で、個人的選択にして政治的選択なのだ。それを洗脳や一時的な自己喪失のせいにすれば、家族、とくに若い娘の家族を安堵させるだろうが（底知れない闇の誘惑者の手に落ちていたかよわい白人女性の帰還、といったお決まりの話……）、そんなことは何の役にも立たないし、生産的でもない。「脱過激化」の療法がどんなものでありうるのか、私にはわからない。これまでは、矯正といえば、全体主義体制もしくは権力の座にある宗教に固有のものだった（異端審問所には異端者を改心させるためのプログラムがあった）。今日ではそれが医療行為になった。やり方はありふれたアルコール依存症患者に対するのと同じである（「先生、自分ではどうにもできません。カランニコフを手にカフェのテラスの前を通ると、つい引き金をひいてしまうのです。助けてください！」）。

過激派たちははっきりと活動家とみなさなければならない。活動家は後悔することもあるが、まずは自分がしたこと、もしくはただ単に意図したことを自分でうけとめなければならない。ところで――かつての中国の紅衛兵、イタリアの赤い旅団、フランスの直接行動《アクシオン・ディレクト》やプロレタリア左派についてよく知られている――活動家は刑務所や死を恐れないが、自分の行為、とくに人を殺したり殺させたりしたことを単なる無駄に帰着させせないために、自分の過去を救おうとする。彼（彼女）はただのまちがいだったとは言いたくないし、言えないので、おこったことを再構成し、ときには物語にしてしまうか、さもなくば麻酔にかかったような忘却のなかに逃げ込む。いまあらためて考慮すべきはこうしたことである。過激派に話をさせなければならない。十九世紀の重罪裁判所がアナーキストや連続殺人犯たちを長時間にわたって発言させたように。だが、今日、人は彼らの顔をみようとせず、名前を知ろうとせず、声を聞こうとしない。彼らが見知らぬ人のままでいるのを望んでいるのである。

訳者あとがき

　スリランカで大規模な連続爆破テロが発生したという一報が入ってきたのは、この訳書の校正を終えたばかりのときだった（二〇一九年四月二十一日）。死者は三五九人に達した。「イスラーム国」（本著ではダーイシュ）の名で犯行声明が出された。三月下旬、イスラーム国はシリアにおける最大拠点を失い、ほとんど崩壊したかのように報道されていた。それからわずか一ヵ月足らずでおきた事件である。

　二〇一六年に原書が出版された本著のなかで、著者オリヴィエ・ロワはすでに「国家」としてのダーイシュの存続の危うさを指摘しながらも、それでもテロリズムの脅威が消滅するわけではないことを強調していた。まるで彼の予言を裏づけるかのようにしておこった今回の出来事に、私は戦慄を禁じえなかった。

　本著は英語をはじめとする多くの言語に翻訳され、国際的な評価をうけたが、同時に大きな論争をまきおこした。イスラーム過激派によるテロに関しては本著以前に多くの著作が出されているが、オリヴィエ・ロワはそうした論考とは異なる、独自の視点からこの問題に切り込んだからである。

「イスラームが過激化したのではなく、現代的過激性がイスラームのなかに入ってきた」、彼はそう主張する。

テロリズムの根源にあるのは宗教そのものではないというのである。

現代的過激性とは何をさすのだろうか。その一例としてあげられるのは、「コロンバイン症候群」である。この名称は、一九九九年四月にアメリカ・コロラド州のコロンバイン高校でおきた銃乱射事件に因む。この高校の二人の男子生徒が散弾銃や自動拳銃を乱射し、教師一人と生徒十二人を殺害し、二十四人を負傷させた後に自殺した。犯行は時間をかけて周到に準備されており、衝動的行為ではなかった。犯行の動機について議論が沸騰したが、解明されたとは言いがたい。

コロンバイン事件には、宗教的な要素はほとんどないにもかかわらず、それはダーイシュの名において遂行されたジハードと多くの点で共通している。ウェブサイトをつうじた犯行の予告、自分たちの殺害行為の演出やそのシーンの撮影、そして自殺。

テロリズムそのものは新しい現象ではない。「新しいのは、今日のテロリズムやジハーディズムが、断固たる死の希求とむすびついている点だ。これこそが本著のテーマである」と著者は言う。死はテロ行為の結果ではなく、当初から作戦の中核をなしているのである。自爆死することで、テロリストは「ヒーロー」になる。それは現代の「ニヒリズム」であり、これが多くの若者を過激主義に走らせている理由のひとつだ。

著者は、イスラームの歴史という縦断的なアプローチではなく、十九世紀のアナーキズムにはじまり、一九六〇〜七〇年代の中国文化大革命の紅衛兵、一九七〇〜八〇年代の日本赤軍やドイツ赤軍、クメール・ルージュによる大量殺戮、さらには一九九〇年代のカルト教団の「集団自殺」を経て、現在のジハーディズムにいたるまでの経緯を横断的に辿ることで現代のテロリズムを分析しようとこころみる。

十九世紀のテロ攻撃は多くの場合アナーキズムを大義とした。一九七〇年代、八〇年代の日本赤軍やドイツ赤軍のテロリストはマルクス主義を標榜した（彼らがマルクス主義者であったかどうかは別として）。そして現在、大量殺人を企てる若者たちに大義をあたえているのが「イスラーム」なのである。テロリストのなかで改宗者が非常に多くの割合をしめていることもこれを裏づける。

著者はイスラーム原理主義が拡大していること自体を否定しているわけではない。その例としてサラフィー主義（初期イスラームへの回帰を唱える厳格派）、いわゆる「過激なイスラーム主義」の広がりについて論じている。けれど、そうした過激なイスラーム思想が政治的暴力を生むとはかぎらない。

昨今のテロリストたちはサラフィー主義の界隈から出てきたのでもなければ、そうした思想に感化された人たちでもない。その圧倒的多数は、まったく宗教を実践したことのない若者たちである。

著者の研究のベースをなしているのは、膨大な数のテロリストのプロファイルである。大量殺人に手を染めた人たちの履歴を具体的に調べると、現代のテロリストのつぎのような横顔が浮かびあがる。

欧米社会にどちらかといえばよく同化した移民の第二世代に属していること。イスラームの信仰とはほとんど無縁の生活をおくっていたが、軽犯罪を犯し、刑務所生活のなかで過激派と接したこと。多くの場合、過激思想への「目覚め」からきわめて短期間のうちにテロ行為に走っていること。また、ムスリム出身ではない改宗者が全体の二十五パーセントを占めていること。

一九九〇年代の半ばまで、国際的テロリストは中東情勢を背景にしていて、アフガンにおける対ソ抵抗、パレスチナ解放といった明確な目標をかかげていた。彼らは主として中東出身のムスリムたちだった。

新しい現象が出現したのは一九九五年からだと著者は言う。そのころから過激なイスラーム組織が、欧米で生まれ育った移民二世を道具として使うようになったのである。こうした若者たちには具体的なスローガンもなければ、めざすべきユートピアもない。暴力は何かを達成するための手段ではなく、それ自体が目的なのである。

現代の社会はこうしたテロリストたちと正面から向き合おうとしていない。

「十九世紀の重罪裁判所がアナーキストや連続殺人犯たちに長時間にわたって発言させたように、過激派に話をさせなければならない。だが、今日、人は彼らの顔をみようとせず、名前を知ろうとせず、声を聞こうとしない。彼らが見知らぬ人のままでいるのを望んでいるのである」。著者はそう結んでいる。

末尾ながら、本著の訳出、校正の全過程にわたって丁寧なアドバイスをしてくださった新評論編集部の吉住亜矢氏に心からお礼もうしあげます。

二〇一九年四月

辻　由美

た）を扇動し，ツチと反体制派・穏健派フツを全土で組織的に虐殺，その数は50万～100万人におよぶ。13

ロンドン同時爆破テロ事件：2005年7月7日，ロンドンのトンネル内で地下鉄3車両が爆発，その1時間後にタヴィストック・スクウェア内を走行中の2階建てバス1台が爆破され，52名が死亡，784名が負傷，実行犯4名は自爆。親アルカーイダを名乗る犯行声明（英国のアフガニスタン・イラク派兵を非難する内容）がだされ，後日アルカーイダが公式に関与をみとめた。実行犯モハメド・サディク・カーン（享年30），シェザード・タンウィアー（同22），ハシブ・フセイン（同18）はパキスタン移民の子，ジャーメイン・リンジー（同19）はジャマイカ出身。49, 52, 58, 59, 96, 120, 162

36 名負傷。男は警察に追いつめられ頭を撃って自殺。死亡した容疑者はイラン系ドイツ人デヴィッド・ソンボリー（当時 18 歳）。両親はムスリムだが本人はキリスト教に改宗し，本名のアリからデヴィッドに改名していた。読書傾向やサイトの閲覧履歴によれば，コロンバイン乱射犯を典型とするスクールシューターや，5 年前の同日におきたノルウェー連続テロ事件に関心があった模様。153

ユダヤ博物館銃撃事件：2014 年 5 月 24 日，ベルギー・ブリュッセルのユダヤ博物館で男が銃とカラシニコフを乱射，4 名を殺害して逃亡。男はミディ＝ピレネー事件のメラー同様，胴に固定したカメラで自身の犯行を記録しようとしたが失敗。30 日，実行犯のアルジェリア系フランス人メフディ・ネモウシュ（当時 29 歳）が逃亡先のマルセイユで逮捕された。シリアでの活動歴があり，ダーイシュに共感をよせていたとされる。49

ラホール自爆テロ事件：2016 年 3 月 27 日，パキスタン東部ラホールの公園ゲート付近で自爆テロ，29 名の子どもを含む 75 名が死亡，340 名が負傷。パキスタン・ターリバーン運動（TTP）の分派ジャマートゥル・アハラール（JuA）が犯行声明をだした。キリスト教徒が公園に集結する復活祭当日を狙った模様。JuA は 2014 年の発足以来，ラホールでたびたび自爆テロを実行。またパキスタンは 9・11 以来，イラク，アフガニスタンについで，ダーイシュを含むジハーディスト集団によるテロの最大の標的となっている。26

リベリア内戦：西アフリカのリベリアで政情不安と民族対立を主要因におきた二度の内戦。第一次（1989〜96）・第二次（1999〜2003）あわせて約 45 万人の死者，200 万人以上の難民をだした。最大勢力リベリア国民愛国戦線をはじめ，武装組織の多くが大規模な少年兵部隊を擁した。13

ルワンダ虐殺：寡頭支配層ツチ族と多数派フツ族が長らく敵対しあうルワンダで，1994 年 4 月〜7 月におきた大量虐殺。フツを基盤とする政府と，インテラハムウェをはじめとする過激派民兵集団が結託して多数の住民（20 万人ともいわれ若い男が多くを占めの教義にもとづき，イラクとアフガニスタンで戦争をつづけるアメリカへの抗議としてテロをおこなったと供述。2015年，ジョハルに死刑判決が下された。57, 86

マドリード列車爆破テロ事件：2004年3月11日早朝，スペインの首都マドリード市内の3つの鉄道駅で，列車内にしかけられた10個の爆弾があいついで爆発，193名が死亡，2057名が負傷。アルカーイダの下部組織アブー・ハフス・アル＝マスリー殉教旅団が犯行声明をだし，スペインのイラク派兵を非難。主犯格とされるモロッコ人ジャマル・ズウガムをはじめ29名が逮捕された。49, 52, 53, 103, 162

マニャンヴィル警官刺殺事件：2016年6月13日，パリ西郊マニャンヴィルで，レ・ミュロー警察の副署長とその妻（同じく警察官）が自宅内で刺殺された。容疑者ラロッシ・アバッラは夫妻の3歳の息子を人質にとってたてこもり，フェイスブックでダーイシュのナンバー2アル＝アドナニへの忠誠と欧米への復讐を誓った。特殊部隊が突入し容疑者を射殺（享年25），子どもは保護された。アバッラはモロッコ系フランス人で，テロへの関与で有罪判決をうけ前年まで刑務所にいた。ダーイシュの指導者アル＝バグダーディの「ラマダーン（断食月）中に悪党を家族ともども自宅で殺せ」という指令を実行したものとみられる。65, 105, 160

ミディ＝ピレネー連続銃撃事件：2012年3月11〜22日，フランス南西部ミディ＝ピレネー地域圏でおきた3件の銃撃テロ。11日トゥールーズで陸軍兵士1名，15日モントーバンで同2名が殺害され，1名が重傷。19日にはトゥールーズのユダヤ人学校オザール・ハトラーが襲われ，教師1名，児童3名死亡。22日，実行犯アルジェリア系フランス人モハメド・メラーが特殊部隊に射殺され（享年23），アルカーイダ系組織が犯行声明をだした。なおメラーは，胴に固定したビデオカメラで自身の犯行の一部始終を撮影していた。9, 49, 51–52, 54, 97

ミュンヘン銃撃事件：2016年7月22日夕刻，ミュンヘンのショッピングモール付近のマクドナルド店内で若い男が発砲，通行人を撃ちながらモール内へ移動しさらに発砲，10代を含む9名死亡，

兄ブラヒムは自爆）と，モロッコ系ベルギー人モハメド・アブリニの2名のみ逃亡（のち逮捕）。8, 25, 41, 43, 51, 54, 55, 56, 58, 64, 79, 80, 82, 105, 107, 115, 132–133, 144, 160

ビュット＝ショーモン集団：クアシ兄弟やクリバリら「2015年1月の攻撃」の実行犯たちが属していたといわれる，アルジェリア系フランス人のテログループ。アラビア半島のアルカーイダ（AQPA）とも繋がりをもち，パリ19区にあるビュット＝ショーモン公園で体を鍛えあった仲間であることから，別名「19区イラク・ネットワーク」とも。クアシやクリバリはともにイラクへのジハーディスト派遣や，武装イスラーム集団（GIA）の指導者アリ・ベルカセム（1995年パリ地下鉄爆破テロの実行犯）の脱獄計画にかかわった廉で逮捕され，2003〜05年ごろ獄中で知りあい，グループのリーダーであるファリド・ベニェトゥ（現在は改心し，若者の脱過激化にとりくんでいる）の影響でジハーディストを志したとされる。集団は2005年に当局によっていったん解体されるも，地下で活動はつづいていた。49, 54

ブリュッセル連続爆破テロ事件：2016年3月22日朝，ブリュッセル空港出発ロビーで発砲のあと爆発がおき，その1時間後には地下鉄マールベーク駅で爆発，32名死亡，340名負傷，ダーイシュが犯行声明をだした。実行犯5名のうちモロッコ系ベルギー人のバクラウイ兄弟（イブラヒム享年29，カリード同27），ナジム・ラーシュラウイ（同24）の3名は自爆。同じくモロッコ系ベルギー人モハメド・アブリニ（1984〜）とスウェーデン生まれのパレスティナ移民ウサーマ・クライェム（1992〜）は逃亡，後日逮捕された。55, 56, 66

ボストンマラソン爆弾テロ事件：2013年4月15日，第117回ボストンマラソンの開催中，ゴール付近で2度の爆発がおき3名が死亡，264名が負傷（うち16名は四肢損壊）。実行犯はチェチェン系移民のツァルナエフ兄弟（タメルランとジョハル）。2人は18日，逃亡中に警官1名を射殺，人質をとって車にたてこもるも警官隊に銃撃され，兄タメルランは死亡（享年26）。弟ジョハルは尋問で，自分たちはいかなる組織にも属しておらず，イスラーム

蔵トラックが爆発，火災も発生しおよそ 340 名死亡，240 名負傷（ダーイシュが犯行声明）。同日，サウディアラビアのマディーナで 3 件の連続自爆テロ発生，警備員 4 名死亡（犯行主体不明）。なお，本文 15 頁では言及されていないが，同期間中の 7 月 1 日にはバングラデシュでダッカ・レストラン襲撃人質テロ事件もおきている。15

ノルウェー連続テロ事件：2011 年 7 月 22 日 15 時 25 分，ノルウェーの首都オスロの政府庁舎付近で自動車爆弾が起爆し 8 名が死亡。17 時過ぎ，オスロの北西に位置するウトヤ島に警察官の制服を着た男が上陸。島ではノルウェー労働党青年部のサマーキャンプが開催中で，10 代の若者およそ 600 名が集まっていた。男は「爆弾テロの捜査」と偽って参加者を整列させ順に射殺，泳いで逃げた者にも発砲して 69 名を殺害，少なくとも 319 名を負傷させた（単独犯による史上最大の大量殺傷）。被告アンネシュ・ブレイビク（当時 32 歳）は極右のキリスト教原理主義者で，裁判ではイスラームからの欧米の防衛，多文化主義の誤謬，移民排斥等を主張。犯行直前には「2083 年 ヨーロッパ独立宣言」と題する 1500 ページ余の文書（ほとんどが他人の著書からのコピペ）を方々へメールで送りつけ，対イスラーム戦争を呼びかけていた。152, 153, 193

パリ同時多発テロ事件：2015 年 11 月 13 日，ダーイシュがパリ周辺 3 箇所を同時攻撃したテロ。21 時，第 1 陣がパリ北郊サン＝ドニのスタッド・ドゥ・フランス（多目的スタジアム）付近で自爆テロ。その 30 分後，第 2 陣がパリ 10 区と 11 区の飲食店で乱射・自爆。つづいて第 3 陣がコンサート開演中のバタクラン劇場（11 区）を襲撃，観客を人質にたてこもる。14 日未明，特殊部隊が突入し実行犯 1 名を射殺，2 名は自爆。一連の銃撃や爆発で 130 名死亡（うち 90 名はバタクラン劇場の観客），413 名負傷。3 人ずつ・3 つの実行犯グループ計 9 名はみな 20～30 代で，全員自爆ベルトを着用。18 日，潜伏中だった主犯のモロッコ系ベルギー人アブデルハミド・アバウドが射殺される（享年 28）。実行犯のうちモロッコ系フランス人サラー・アブデスラム（第 2 陣の亡，73名負傷。パレスティナ問題に利害関係のない日本人テロリストによる市民の無差別大量殺人として世界に衝撃をあたえただけでなく，自爆テロの原型ともいえる決死の攻撃手法はジハーディストに多大な影響をおよぼしたといわれる。1, 8, 144, 145

ニース・トラックテロ事件：2016年7月14日夜，革命記念日でにぎわうフランス南東部ニースの遊歩道に大型トラックが時速90キロで突っ込み，通行人をはねながら2キロにわたり暴走，車がとまると運転手が発砲，外国人観光客を含む86名が死亡，458名が負傷。警察に射殺された実行犯モハメド・ラホアイエ・ブーレルはニース在住のチュニジア人で（享年31），ジハーディズムに関心はあったようだが組織に属していた証拠はない。50, 52, 83, 160, 190

2009年カイロ連続テロ事件：2009年2月22日，エジプト・カイロのハン・ハリーリ市場で爆発がおき，17歳のフランス人女性が死亡，24名が負傷。28日，同じ市場でアメリカ人教師がエジプト人の男に顔を刺され負傷（男は逮捕後，動機はガザ紛争と供述）。さらに同日，カイロ地下鉄の車両に焼夷弾が投下された（不発，容疑者逃亡）。上記3件のうち組織的なテロであることが確実なのは22日の事件のみで，現時点での容疑者はチュニジア系ベルギー人ファルーク・ベン・アッベスとアルバニア系フランス人女性デュド・ホッジャの2名。両者ともフランスとベルギーのジハーディスト集団およびダーイシュやアルカーイダとの繫がりを疑われている。また後者はモロッコ出身のモハメド・ダーマニと過去恋愛関係にあり，モハメドの弟アフメドはパリ同時多発テロやブリュッセル連続爆破テロに関与したとみられている。55

2016年のラマダーン〔断食月：この年は6月6日〜7月5日〕**に，イラク，トルコ，サウディアラビアを襲った恐るべき攻撃**：6月28日，トルコのアタテュルク国際空港入口で，爆弾ベルトを着用した男3名が警察官に職質され1名が発砲，自爆。2名はカラシニコフを乱射しながらターミナル内を逃亡のすえ自爆，利用客ら45名死亡，238名負傷（犯行主体はダーイシュの可能性大）。つづく7月3日，イラク・バグダードの繁華街で爆弾をつんだ冷

ムに批判的な政治家）への脅迫状があった。実行犯モロッコ系オランダ人モハメド・ブウイェリ（当時26歳）が属していた北アフリカ系オランダ青年のテロ組織ホフスタット・ネットワークは，ムスリム同胞団の過激な分派タクフィール・ワル・ヒジュラに影響をうけ，スペインとベルギーの同種の組織と横の繋がりがあるとされる。52, 148

デンマーク風刺画家殺害計画：2008年2月12日，デンマークの風刺画家クルト・ベスタゴーの暗殺を企図した容疑で，チュニジア人2名とモロッコ系デンマーク人1名が逮捕された。さらに2010年1月1日，ベスタゴー宅に斧をもったソマリア人の男が押し入るも警官に拘束され，ソマリアで活動する過激派組織アル・シャバーブが称賛のコメントを発表。同年7月，アルカーイダ幹部アンワル・アウラキーが，組織の機関誌『インスパイア』創刊号に「ヒットリスト」を発表，ベスタゴーら「イスラームを侮辱した者たち」の暗殺を呼びかけた。背景には2005年9月，デンマークの保守系日刊紙『ユランズ・ポステン』がベスタゴーによるムハンマドの風刺画（爆弾を模したターバンを頭に巻いた姿など，イスラーム過激派を揶揄する画）を掲載したことがあった。2010年12月11日にはストックホルムでイラク系スウェーデン人の28歳の男が，やはりムハンマドの風刺画を描いたアーティストに抗議すると称して自爆テロをおこし，2名が負傷している（北欧初の自爆テロ事件）。52, 159

ドイツ赤軍（RAF）は旧西ドイツの極左武装組織（1968〜98）。第2世代以降とくに過激化し，77年には収監中の第1世代の釈放を訴えてのちに「オフェンス77」と呼ばれる一連のテロ（連邦検事総長と銀行頭取の暗殺，経済界の顔役の誘拐，ルフトハンザ航空181便ハイジャック）を実行。うちハイジャックでは**パレスティナ解放人民戦線**（PFLP，1967〜）と共闘し失敗。この報をうけた収監中の第1世代3名が獄中で自殺（官憲による処刑説あり）。「世界同時革命」をかかげた**日本赤軍**（1971〜2001）も，70〜80年代PFLPとともに数々のテロを実行。72年のテルアビブ空港乱射事件（3名の実行犯は全員20代）では乗降客ら26名死

グラデシュの首都ダッカのレストランに武装した5人の男が侵入，銃や爆弾で無差別に攻撃したのち残りの客や従業員を人質にたてこもり，敬虔なムスリムと不信仰者・欧米人とを選別。翌朝，ヒジャブを身につけたムスリム女性のみ解放。軍と特殊部隊が投入されたが，最終的にシェフを含むイタリア人9名・日本人7名など計24名が死亡，50名が負傷，実行犯5名は射殺された。はじめ当局は地元武装組織ジャマート＝ウル＝ムジャーヒディーン＝バングラデシュが犯行主体と発表したが，後日ダーイシュのバングラデシュ支部指導者タミム・チョウダリーを首謀者として追跡，殺害。実行犯5名はいずれも10代後半から20代前半，多くが裕福な家庭の出身で高学歴者。うちひとりは日本国籍も有する大学教員で，日本留学中に過激派の思想に染まった可能性が指摘されている。81, 97

タリス銃乱射事件：2015年8月21日，アムステルダム発パリ行きタリス（フランス・ベルギー・オランダ・ドイツを結ぶ高速列車）の車中で男が自動小銃を発砲，1名が重傷を負うも，アメリカ空軍兵と州兵を含む乗客が男をとりおさえた。実行犯アヨウブ・エル・カザニ（当時26歳）はフランス在住のモロッコ人で，シリアへの渡航歴があり，ビュット＝ショーモン集団とのかかわりを疑われている。49

チャタヌーガ銃撃事件：2015年7月16日，アメリカ・テネシー州チャタヌーガの米軍関連施設で男が自動小銃を乱射，海兵隊員ら5名死亡，警官ら3名負傷。容疑者モハメド・ユースフ・アブドゥルアジーズは射殺された（享年24）。パレスティナ移民の厳格なムスリム家庭に育ち，中東への渡航歴があり，薬物とアルコールの問題をかかえ，アルカーイダに関心をよせ，殉教者になりたがっていたという。65

テオ・ファン・ゴッホ監督殺害事件：イスラーム批判の論陣を張っていたオランダの映画監督テオ・ファン・ゴッホ（画家ゴッホの弟テオの曾孫）が，2004年11月2日アムステルダムの路上で殺害された。銃撃されたうえ喉を切り裂かれ，胸に刺さったナイフの下には欧米政府，ユダヤ，アヤーン・ヒルシ・アリ（イスラーアルカーイダ（AQPA）が犯行声明をだした。フランスでは上記を一連のテロとして「2015年1月の攻撃」と呼ぶ。なお，シャルリー・エブドは2001年の9・11（アメリカ同時多発テロ）以来イスラーム原理主義批判を展開していたが，デンマークの日刊紙に掲載されたムハンマドの風刺画を2006年に自紙に転載したことが事件の遠因とみられる（「デンマーク風刺画家殺害計画」参照）。9, 41, 43, 49, 53, 54, 82, 96, 105, 159, 193

人民寺院集団自殺事件：1978年11月18日，南米ガイアナのジョーンズタウンで，教祖ジム・ジョーンズ率いるアメリカのカルト教団「人民寺院」（1955年創設，教義は共産主義とキリスト教の混合）の信者909名（うち276名は幼児）が，シアン化合物を服毒して集団自殺をはかった。マインドコントロール，霊感商法，左翼過激派との関係等で当局の目を引き，74年教団はアメリカからジョーンズタウンに移住。事件前日には，教団の人権侵害を調査するため訪れていた下院議員レオ・ライアンと3名のジャーナリスト，および教団を脱けたがっていた1名が教団自警団に殺害されている。その後（集団自殺の前）に録音されたテープには「われわれは敗北してはいない，非人道的な世界に抗議して革命的自殺を遂げるのだ」というジョーンズの声が残されていた。154

太陽寺院集団自殺事件：1994〜97年にかけて，テンプル騎士団（12世紀ヨーロッパ発祥の騎士修道会）の後裔を自任するニューエイジのカルト教団「太陽寺院」（正式名：太陽伝説国際騎士団，1984年創設）の信者74名が集団自殺した。遺書には「死とは現世の偽善と抑圧からの救済であり，われわれは死をもってシリウス星に移住する」等と記されていた。集団自殺は94年9月30日（カナダ・ケベックで5名），10月5日（スイス・サルヴァンで創設者リュック・ジュレとジョセフ・ディ・マンブロを含む25名，同シュイリーで23名），95年12月15〜16日（フランス・ヴェルコール山地で3名の幼児を含む16名），97年3月22日（ケベックで5名）の4次にわたりおこなわれ，方法は銃・焼身・毒物注射などだった。154

ダッカ・レストラン襲撃人質テロ事件：2016年7月1日夜，バン

こした一連の爆破テロ事件。7月25日，郊外急行RER線サン＝ミシェル＝ノートルダム駅（パリ5区）にしかけられた手製ガスボンベ爆弾で8名死亡，117名重軽傷。その後リヨンの鉄道線路やユダヤ人学校でも爆弾がみつかり，9月29日，アルジェリア移民2世の実行犯ハレド・ケルカルが逃亡のすえ憲兵に射殺される（享年24)。その葬儀の日（10月6日）にもパリで爆破テロがおき，GIAが犯行声明をだした。8, 43, 49, 76, 84, 115

シカゴ「汚い爆弾」テロ計画：2002年5月8日，プエルトリコ系アメリカ人ホセ・パディージャ（1970〜）が，放射性物質を用いた「汚い爆弾（ダーティ・ボム)」によるテロを計画した疑いでシカゴで逮捕された。パディージャはニューヨークのブルックリンで幼少期をすごし，ストリートギャングに加わって逮捕され，獄中でイスラームに改宗。2001〜02年にアルカーイダの手引きで中東にわたり，「汚い爆弾」の扱いを学んだ。148, 162

ジャーマンウイングス9525便墜落事故：2015年3月24日，ドイツの格安航空会社ジャーマンウイングスの旅客機9525便（スペイン・バルセロナ発ドイツ・デュッセルドルフ行き）が，フランス南東部アルプ＝ド＝オート＝プロヴァンスに墜落，乗っていた150名全員（乗客144名と乗組員6名）が死亡。2日後，フライトレコーダーの解析等により副操縦士の自殺説が浮上。当時27歳のドイツ人副操縦士アンドレアス・ルビッツは重度のうつを患っていたとされる。152, 193

シャルリー・エブド襲撃事件（2015年1月の攻撃)：2015年1月7日，パリ11区にある週刊風刺新聞社シャルリー・エブド本社をアルジェリア系フランス人のクアシ兄弟（サイードとシェリフ）が襲撃，編集長や風刺画家ら計12名を射殺し逃亡。翌8日，マリ系フランス人アメディ・クリバリがパリ南郊モンルージュで女性警官を射殺，道路清掃人を負傷させ，9日にはパリ東端ポルト・ド・ヴァンセンヌのユダヤ食品店イペール・カシェールを襲い4名を殺害，特殊部隊に射殺される（享年32)。同日，シャルル・ド・ゴール空港付近の印刷会社にたてこもったクアシ兄弟を特殊部隊が包囲し射殺（享年34と32)。後日，アラビア半島の

70年代にかけて武装闘争をおこない，ポル・ポト独裁政権（75〜79）をささえた極左武装勢力をさす。階級廃絶と原始共産制実現をかかげ，資本家・知識人・芸術家・反革命分子を多数粛清，アンコール遺跡など文化財を破壊。強制労働や飢餓によるものも含め140万〜220万人もの死者をだしたとされる。10, 11, 12, 145

紅衛兵：文化大革命期の中国で，1966〜68年に猛威をふるった毛沢東主義武闘派青年・学生組織。その数は全国1000万人以上におよび，資本主義化をもくろむ実権派の打倒，封建的・資本主義的文化の破壊をかかげ，全土で反革命分子への暴行・虐殺，文化財や書物の破壊をくりひろげた。やがて内部抗争と過激化で制御不能となるにおよび，毛沢東は活動停止を命じ，紅衛兵たちは農村支援の名のもとに辺境に追いやられた（下放）。10

コロンバイン高校銃乱射事件：1999年4月20日，アメリカ・コロラド州コロンバイン高校のカフェテリアと図書館で男子生徒2名が散弾銃や自動拳銃を乱射，生徒12名と教師1名を殺して自殺，計15名の死者と24名の負傷者がでた。容疑者2名は日ごろからジョック（スポーツのできる人気者）たちにひどいいじめをうけていたという見解もあるが，これには異論もある。犯行は長期間をかけて準備されており，衝動的なものではないが，動機はいまだ解明されていない。83, 110, 151

サン＝テティエンヌ＝デュ＝ルヴレ教会テロ事件：2016年7月26日朝，フランス・ノルマンディーのカトリック教会に19歳の男2名がたてこもり，ジャック・アメル神父を斬首して殺害，信者ら4名を負傷させたのち特殊部隊に射殺された。数時間後ダーイシュが犯行声明をだした。実行犯アデル・ケルミシュとアブデル・マリク・プティジャはアルジェリア系移民で，「2015年1月の攻撃」のクアシ兄弟やクリバリの薫陶をうけていた。殺されたアメル神父は前年のシャルリー・エブド事件以来，イスラームとの対話に熱心にとりくんでいた。51, 105, 160, 194

GIA連続爆破テロ事件：アルジェリアのイスラーム主義組織「武装イスラーム集団（GIA）」が，アルジェリア内戦（1991〜2002）をフランスに拡大すると称し，1995年7〜9月パリとリヨンでお反政府武装組織（1987〜）。北部アチョリ地方出身の指導者ジョゼフ・コニーは霊媒を自称し，聖書と十戒にもとづく神権政治の樹立を提唱，南西部を基盤とするムセベニ政権に抵抗。自国のみならずコンゴ民主共和国，スーダン，南スーダン，中央アフリカなど近隣諸国でもゲリラ戦を展開，拷問・強姦・虐殺・誘拐をくり返している。死者数はおよそ10万人，誘拐された子どもは2万人以上にのぼる（男児は少年兵，女児は性的奴隷にされる）。12–13

カンヌ＝トルシー集団：フランス南東部カンヌとパリ東郊トルシーを拠点とするアルジェリア系・チュニジア系フランス人のテログループ。2012年9月，パリ北郊サルセルのユダヤ食品店に手榴弾が投げ込まれ1名が負傷。まずその実行犯2名がつかまり，隠れ家で爆弾製造器具が発見され，芋づる式にメンバーが逮捕されていった。一部はシリアのアル＝ヌスラ戦線を経てダーイシュに合流するも帰国後逮捕され，最終的にメンバー20名中18名が実刑をうけた。またこのグループは，ミディ＝ピレネー連続銃撃事件のメラーと，パリ同時多発テロ事件のアバウドら（いわばダーイシュのブリュッセル支部）とを繋ぐ媒介の役割をはたしていたものとみられる。49

靴爆弾計画：2001年12月22日，靴に爆発物を仕込んだ男がパリ発マイアミ行きアメリカン航空63便に搭乗。座席で火をつけようとするも乗務員と乗客にとりおさえられ未遂に終わった。容疑者リチャード・リード（1973〜）はジャマイカ系英国人のグラフィティライター。92年路上強盗で収監され，獄中でイスラームに改宗。釈放後は急進的指導者アブー・ハムザ・アル＝マスリーを擁するフィンズベリー・パーク・モスク（ロンドン）にかよい，アフガニスタンのテロリストキャンプなどで訓練をうけた。判決公聴会では「アメリカの敵，アルカーイダの同盟者」を自称。162

クメール・ルージュ：字義は「赤いクメール人」。広義にはカンボジアの左派の総称。狭義には1951年，ポル・ポトをはじめパリで学んだ共産主義学生グループを中心に結成されたクメール人民革命党（のちのカンプチア共産党）を母体とし，60年代末から

本書で言及される主要なテロ事件・テロ組織の概要

＊ 事件名の50音順に配列した。
＊ 末尾の数字は本文での言及箇所（頁）をしめす。

アメリカ同時多発テロ事件：2001年9月11日朝，アメリカ上空で4機の旅客機がハイジャックされ，うち2機がニューヨークのワールドトレードセンター，1機がアーリントンの国防総省本庁舎に激突，残る1機はピッツバーグ郊外に墜落（標的は議会議事堂かホワイトハウスだったとされる），あわせて2996名の死者，6000名以上の負傷者がでた。アメリカ政府はウサーマ・ビンラーディン率いるアルカーイダの犯行と断定し（アルカーイダは否定も肯定もしていない），その報復として翌月アフガニスタンに侵攻。12, 157

オーランド銃乱射事件：2016年6月12日未明，アメリカ・フロリダ州オーランドのゲイナイトクラブで男が銃を乱射，50名死亡，53名負傷，ダーイシュが犯行声明をだした。射殺された実行犯オマー・マティーン（享年29）はアフガニスタン系アメリカ人。24, 82, 86, 105

オーロラ銃乱射事件：2012年7月20日，アメリカ・コロラド州オーロラのショッピングモール内の映画館で，ガスマスクをつけた男が催涙弾を投げ，上映作品内の銃撃音に合わせて銃やライフルを乱射，12名が死亡，70名が負傷。実行犯ジェームズ・ホームズ（当時24歳の元大学院生）は取り調べで『バットマン』の悪役ジョーカーを自称。映画館ではこのときシリーズ最新作『ダークナイト ライジング』が上映中だった。ホームズは前作『ダークナイト』のヒース・レジャー演じるジョーカーを模したのか，髪を赤く染めていた。テロ組織との繋がりはなく動機は不明だが，重いうつを患い，自殺願望があったとされる。152

神の抵抗軍：ウガンダの民族対立と政情不安から生まれたカルト的

装訂——山田英春

訳者紹介

辻　由美（つじ・ゆみ）

翻訳家・文筆家
著書：『カルト教団太陽寺院事件』（みすず書房 1998／新潮社 OH! 文庫 2000），『図書館であそぼう』（講談社現代新書 1999），『世界の翻訳家たち』（新評論 1995：第 44 回日本エッセイスト・クラブ賞，第 32 回日本翻訳出版文化賞特別賞受賞），『読書教育―フランスの活気ある現場から』（みすず書房 2008）他
訳書：ピエール・ダルモン『性的不能者裁判』（新評論 1990），ジェローム・フェラーリ『原理　ハイゼンベルクの軌跡』（みすず書房 2017），ジャン＝マルク・ドルーアン『昆虫の哲学』（みすず書房 2016），パトリック・ドゥヴィル『ペスト & コレラ』（みすず書房 2014）他

ジハードと死

2019 年 7 月 10 日　初版第 1 刷発行

著　者　オリヴィエ・ロワ
訳　者　辻　由　美
発行者　武　市　一　幸

発行所　株式会社　新　評　論

〒169-0051 東京都新宿区西早稲田 3-16-28
http://www.shinhyoron.co.jp

TEL　03（3202）7391
FAX　03（3202）5832
振　替　00160-1-113487

定価はカバーに表示してあります。
落丁・乱丁本はお取り替えします。

印　刷　理　想　社
製　本　中永製本所

ISBN978-4-7948-1124-0
Printed in Japan

好評刊

ジル・ケペル＋アントワーヌ・ジャルダン／義江真木子 訳

グローバル・ジハードのパラダイム

パリを襲ったテロの起源

イスラム主義研究の世界的第一人者ケペルが，郊外大衆地区でのフィールドワークとアラビア語資料の渉猟をもとに現代のジハーディズムの根源的問題に迫る。

四六並製　440 頁　3600 円　ISBN978-4-7948-1073-1

ミシェル・ヴィヴィオルカ／田川光照 訳

暴力

旧来の分析を乗り越える現代「暴力論」の決定版！非行，犯罪，ハラスメントからメディア，暴動，ジェノサイド，戦争，テロリズムまで幅広くかつ深く考察。

A5 上製　382 頁　3800 円　ISBN978-4-7948-0729-8

ジャン・ブリクモン／菊地昌実 訳

人道的帝国主義

民主国家アメリカの偽善と反戦平和運動の実像

「人権・自由の擁護」「テロとの戦い」…戦争正当化のイデオロギーはいつ，誰によって，どのように生産されてきたか。欺瞞の根源に迫る。【緒言：N.チョムスキー】

四六上製　310 頁　3200 円　ISBN978-4-7948-0871-4

マルク・フェロー／片桐 祐・佐野栄一 訳

植民地化の歴史

征服から独立まで／一三～二〇世紀

数百年におよぶ「近代の裏面史」を一望する巨大絵巻物。「植民地化」の思想と今日の世界を覆うグローバルな収奪構造との連続性を歴史的に読み解く。

A5 上製　640 頁　6500 円　ISBN978-4-7948-1054-0

【表示価格：税抜本体価】